人文故事
RENWENGUSHI

禅的故事

黄复彩 著

河北出版传媒集团
河北人民出版社

引言

据说很久很久以前，佛在灵山会上拈花示众，所有弟子皆无言以对，唯有摩诃迦叶的脸上露出一抹会心的微笑，于是佛说，我有正法眼藏，涅槃妙心，实相无相，微妙法门，不立文字，教外别传，付嘱摩诃迦叶。

禅，就这样诞生了。

又过了很久很久，在中国嵩山一个冷幽幽的山洞里，一个从西竺来的和尚对着一面石壁一坐就是九年。直到某一个大雪纷飞的黎明，当他打开山洞的石门时，却看到了一个被冻成雪凌的活生生的人。那是一位请求皈依的弟子。如果说慧可的立雪只是在菩提达摩冷若冰霜的内心泛起一丝涟漪，而慧可随后的挥刀断臂，则使菩提达摩再也无法漠视这位弟子坚贞求法的现实了。于是，中国禅宗史上第一次以心传心的链接开始了。菩提达摩被认为是中国禅宗的初祖，而立雪断臂终而得法的慧可则是禅宗中的第一个中国人。

又过了很久很久，在中国湖北的一座寺庙里，一个叫弘忍的和尚以号召弟子写诗作偈的方式选取他的接班人。几天之后，一个叫神秀的和尚呈上他的诗偈：

身是菩提树，心如明镜台；

时时勤拂拭，莫使惹尘埃。

神秀是寺里的首座和尚，又是大众的教授师，现在做出这样好的诗偈，看来继承弘忍衣钵的必是神秀无疑了。然而过了一些天，在神秀的诗偈旁又贴出另一首诗偈：

菩提本无树，明镜亦非台；

本来无一物，何处惹尘埃。

后来知道，把禅宗的空无观演绎到一个极致的是一个不识一字的农夫。这个农夫出人意料地得到弘忍的衣钵，成了中国禅宗的六祖。随着这首著名诗偈的横空出世，中国禅宗史上不仅有了六祖慧能这样的名字，“中国禅宗”也应运而生。

禅是一种独特的思维方式，是一种非凡的智慧。禅的处世哲学是非常规的，其思维是逆向性的。禅宗的大师们既否定外界，也否定自身，甚至也否定佛本身，禅宗史中就曾出现“烧佛取暖”的事件。他们只承认内心的当下体验，只重视心灵在一刹那间的真实感受。开口失却禅，闭口却又不成其为禅。禅，是说不尽的。

又有人说，禅宗是佛教中的精神贵族，因为禅宗是经无数代大师们一代一代培养的结果。可以说，禅宗是中国佛教诸宗中的文化先驱，虽然禅宗一直强调不立文字，但是，禅宗所创造出来的却是有形的文字无法表达的文字效果。然而人们又不得不承认，如果没有文字，今天的我们又怎能认识禅这一独特的精神现象？就像面对一个不识月亮为何物的人，你必须用手指给他看：那就是月亮！当然大师们也一再强调说，千万不要把我的手指当作月亮啊！

如此看来，要认识禅，文字是必须的，如欲认识月亮，就必须顺着导师们的手指去看天上那轮圆润而灿烂的物体。就像仲秋的月亮一样，禅是美丽而圆润的。为了获得对这一美丽而圆润的认识，让我们通过有形的文字，进入禅的境界，去咀嚼生活中的如许禅味，去领受人生的无尽禅悦吧。

目录

第一章　达摩西来意

第二章　本来无一物

第三章　源远流“禅”（南岳怀让禅系）

第四章　源远流“禅”（青原行思禅系）

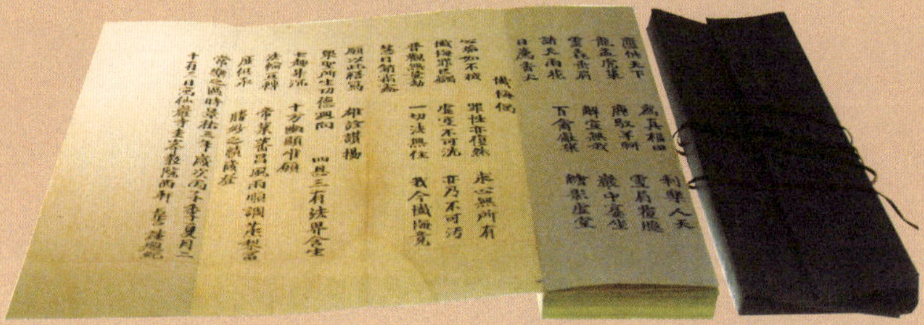

第五章　禅人禅事

第六章　禅闻禅趣

小词典

第一章　达摩西来意

达摩西来意

拈花与微笑

古老的舍卫国，美丽的祇树给孤独园。

清晨下过一阵小雨，此时，给孤独园中鲜花盛开，绿草如茵，到处勃发着生命的气息。

世尊刚刚从定中醒来，他知道今天是他的生日。那是一个遥远的春天，足月怀胎的母后摩耶夫人在回娘家的途中突然感到腹中疼痛，依靠着一棵婆罗双树，他的生命诞生了。算来，那该是80年前的事情了。那时候，曼陀罗花也是这样放出醉人的芳香，天空蓝得就像是刚刚被人用水洗过一样，然而，随着他生命的诞生，母后摩耶夫人却从此离开了人世。

然而生命的赐予并没有带给他任何欢乐，相反，在他成长的过程中，他目睹了人世的种种苦难，感受着生老病死的时时逼迫，他几乎每天都有一种煎熬般的感受。于是，他在19岁那一年终于抛别了爱妻幼子，走出了宫殿，走进一片树林，过起了苦行僧的生活。6年之后，在一次禅定中夜睹明星，得大启悟，成为人天师表的释迦世尊。80年来，他将自己悟得的大道一次次向人们解说，他也被人们尊为佛教的创立者。人们尊称他为"佛"，觉悟者。

璀璨的阳光像尼禅河里的圣水一样洒在世尊的身上，世尊揉了揉他那双智慧的眼睛，感觉告诉他，不久他将离别人世，回到他的生命之初。那时候，一团智慧之火将寂灭他的色身肉体，于是，他深邃的思想和超人的智慧将会被人们一次一次地解说，人们会按照自己的方式自己的意愿翻炒着他在灵山会上的一切言说。想到这里，世尊忽然有一种莫名的悲哀。然而他很快又从悲哀中振奋起来，他知道终会有人与他的思想息息相通，终会有智者在他的身后让他创立的学说以某种特定的方式传递于世，以帮助那些苦难的人们得到解脱。

"世尊，到了托钵行乞的时候了。"不知什么时候，弟子阿难双手合十走近他说。

"呵，好吧阿难，请帮我穿上袈裟，让我们一同去舍卫城吧。”

一个多时辰之后，世尊和他的弟子们从舍卫城乞食回来。璀璨的阳光在巨大的婆罗双树下洒下无数的碎金，阿难等十大弟子以及其他听众1250人齐齐地聚集在世尊的周围，以一种特有的欢喜，准备聆听世尊的说法。此时的给孤独园万籁俱寂，树上的金丝鸟停止了嘻闹，林子里的猿猴们昂起了脑袋，美丽的梅花鹿欣悦地将一盘盘鲜果呈送到世尊的座前。然而许久过后，却仍未听到世尊发出任何声音。

这些日来，信众们都觉得世尊的话越来越少，世尊的行为也越来越怪诞。有一次，世尊刚刚落座，他的弟子阿难却突然宣布：世尊说法完毕。于是，刚刚落座的世尊就起身离座。还有一次，当弟子文殊恭请他为听众们说法时，世尊却很不高兴地说，请问，我成佛40余年，曾经说过一个字的经，讲过一个字的法吗？

婆罗双树下的树影已经移出了很多，人们知道，今天世尊不会再说什么了。细心的弟子们开始意识到，尊敬的导师世寿将尽，但他们知道，慈爱的世尊一定会以另外的方式开启人们智慧。世界不能没有世尊，就如同大地上不能没有阳光一样。于是，他们宁可就这样默默地围坐在世尊的周围，感受着世尊智慧之光的无量照射。

忽然，世尊启开他的双眼，从宽大的衣袍中取出一颗珍珠示向他的弟子们说，你们中间有知道这珍珠是什么颜色的吗？有人抢着回答说，呵，伟大的世尊，那是一颗红色的珍珠。世尊满意地点了点头，接着，世尊把那串珍珠放入了衣袍，却将一只空空如也的手掌示向大众问，请问有谁能说出这一串珍珠是什么颜色吗？有人又抢着说，慈爱的世尊，你手上什么也没有啊。世尊叹了口气说，世人啊，假珠子倒能说出它的颜色，而一串真正的珍珠却一个个视而不见。

人们面面相觑，一个个惭愧得无地自容。然而世尊却笑了笑，接着从怀里拿出一束美丽的曼陀罗花示向大众。受过刚才教训的弟子们一个个无声无息，细细地解读着世尊这特别的意蕴，人群中，弟子迦叶突然发出一声会心的微笑。世尊高兴地说，呵，我现有正法眼藏，涅槃妙心，实相无相，微妙法门，不立文字，教外

释迦牟尼文佛像：释迦牟尼佛，原名乔达摩·悉达多（巴利文：Gotama Siddhattha；梵文：(Siddhārtha Gautama)，古印度释迦族人（生于尼泊尔南部），佛教创始人。成佛后的释迦牟尼，尊称为佛陀，意思是大彻大悟的人。

别传，付嘱摩诃迦叶。

很多年后，人们知道，那就是以心传心的智慧，那就是被后世的人们说了又说写了又写的“不立文字”的禅。禅从此诞生了。而以一笑博得世尊赞许的摩诃迦叶则被人们称作禅宗的初祖。

一苇渡江

梁普通年（520—527年）中的一个炎热的夏季，一位相貌奇异、衣着特别的外邦僧人出现在中国南方的临海都市广州大街上。只见他须髯满腮，一脸倦容，硕大的头颅顶部光秃，四周则是一圈零乱的毛发，肩扛一只铁色禅杖，禅杖上挂一油亮葫芦，再加上他身材高大，额骨高耸，让人看上去有几分凶恶。他的出现，首先引起孩子们的好奇，他们不即不离地追随在这外邦僧人的后面，不知道他神秘的葫芦里究竟装藏着什么稀有的物件。

首先解除警报的仍然是那些孩子们，他们很快发现，这外邦僧人看似凶恶，却心地和善。他很快和孩子们交起了朋友。他知道孩子们好奇他的那只神秘的葫芦，于是，他揭开葫芦的盖，一股刺鼻的酒味直冲得孩子们连连喷嚏，于是，他也就仰声大笑起来。

市面上出现一个外邦僧人的消息立即传到了广州刺史萧昂那里。那时候，虽然南方的佛教还仅仅停留在祈福和占卜吉凶的层次，但在中部地区，佛教在梁朝皇帝武帝萧衍的大力推行下，早已形成“南朝四百八十寺，多少楼台烟雨中”的鼎盛之势。刺史萧昂当即让人把这外邦僧人请到府内，待以上宾。交谈中知道，这外邦僧人名叫菩提达摩，来自南部印度，为婆罗门族香至长老三子。当年世尊灵山会上拈花示众，唯迦叶破颜微笑，于是世尊当众宣布，我有正法眼藏，涅槃妙心，实相无相，微妙法门，不立文字，教外别传，付嘱摩诃迦叶。因此，人们即视摩诃迦叶为禅宗初祖。后迦叶传法于阿难，至菩提达摩，已是二十八祖。据菩提达摩所说，其师般若多罗临终时曾说，东方国土有大气象，我寂灭后，你可前往中国，佛法将大兴于斯。于是，菩提达摩费尽千辛万苦，冒九死一生之险，终于由南海来到中国。

与以往外来的僧人不同的是，菩提达摩既不替人摇卦占卜，也不为人祈福消灾，他只是说，真正的智慧圆融无碍，实相非相，一切只存在于人的内心世界。

萧昂听不懂菩提达摩的话，但也不敢怠慢，他当即把菩提达摩的情况报告给远在金陵的武帝萧衍。

萧衍是一位虔诚的佛教徒，他著书立说，标佛教为梁朝国教，他造像立寺，并多次舍身寺庙，标明自己的佛教立场，被人们称为“皇帝僧人”。得知南印度有沙门来到中国，梁武帝十分高兴，当即下令让人请菩提达摩前来金陵。

在简朴的后宫，梁武帝身穿布衣，脚踏草履，以粗糙的饭食招待了这位西来的僧人。

梁武帝说，请问圣僧，佛教最高的教义是什么？

达摩说，无求无为，平常自在。

梁武帝说，请不要认为招待的简慢，这些就是我平时的饭食。我不食酒肉，不听音乐，勤政爱民，清心

清代年画：《达摩一苇渡江》。一苇渡江是达摩祖师的宗教故事。传说达摩渡过长江时，并不是坐船，而是在江岸折了一根芦苇，立在苇上过江的。

寡欲，然而我却斋僧供佛，造像建寺，请问功德大否？

达摩说，无有功德。

梁武帝看了看眼前这位外邦的僧人，他怀疑对方并没有听明白他的话，或者是自己听错了对方的回答。于是他继续追问说，那么你认为真正的功德又是什么？

达摩说，你说的那些都是一些不足挂齿的小事，真正的功德是，智慧圆融自在，自我空虚寂静，那才是最高的精神境界，世俗的人们是无法得到的。

梁武帝又看了看眼前的这位古怪的僧人，突然问道，坐在我面前与我说话的究竟是谁？

达摩说，我不认识。

静场，长时间的静场，这时，就连站在一旁看热闹的大臣们也能觉察到梁武帝脸上的尴尬和不快。他们万没有想到，一位当朝的皇帝，一位西来的高僧，两位不凡人物的历史性会见竟是这样一种难堪的场面。

菩提达摩似乎并没有意识到武帝的不快，他旁若无人将那些粗简的饭食扫荡一空，然后抹一抹厚厚的嘴唇，撩起宽大的僧袍，走下宫殿，扬长而去。

一条宽阔的江流横亘在他的面前，浑黄的江水一泻千里，汹涌的波涛冲击着乱石嶙峋的江岸，拍打着江滩上飞扬的芦花。与梁武帝会晤的失败，并没有让菩提达摩失去信心，他丝毫不怀疑师父般若多罗的预言，在这大气横生的土地上，古老的佛法一定会得到重生。他决定渡江北上，继续去寻找古老禅法的继承人。天色渐晚，浩翰的江面上竟然不见一只可以横渡的舟船，菩提达摩忽然双手合十，面对西方，口中喃喃有词：我之西来，深有密意，法若无生，我愿沉江，法若得兴，天助我也。说完，菩提达摩顺手摘下一支芦苇扔进了江流，于是，他撩起僧袍，跃上芦苇。令人不可思议的是，那轻柔的芦苇载着他一路顺风顺水，直向烟波浩渺的江心驶去……

嵩山面壁待来者

达摩刚刚离开京城，梁武帝接着迎来另一位客人，他就是当时最有名的宝志和尚，人称志公长老。他是武帝最尊敬的长老和帝师，也是武帝最交心的朋友。

看着梁武帝神志恍惚的样子，宝志知道梁武帝一定遇到了什么不顺心的事情。

宝志说："陛下的禅心，一定受到什么外尘的干扰了吧。"

看到宝志，武帝很高兴，连忙说："呵呵，刚才要是禅师在，我也许就不会遇到如此的尴尬了吧。"于是，他把达摩来访，以及与达摩对话不契的情形一一告诉了宝志禅师。

宝志在武帝面前一向以直臣自居，这也是他与武帝投契的原因所在。宝志说："啊，陛下遇到一位了不得的人了啊，从他的言行来看，一定是佛陀的再世，他是来试探陛下禅心的啊。"

听到宝志如此一言，武帝的懊恼更甚，他连连拍着自己的脑袋说："该死啊，我怎么就错过了这样一个大好的机会呢？"

一旁的大臣连忙说："估计还没有走远吧，我这就赶紧派人前去追赶。"

宝志挥了挥手说："不用了，真正神通自在的人你是追赶不及的。"

梁武帝更加懊恼，知道自己真的失去了一次与圣僧交心的机缘，从此便更加用心坐禅，更是把所有的财力和物力都投放到斋僧供佛的事业上去。然而梁武帝并不知道，他在斋僧供佛的路上走得越远，与那种"圆融无碍"的功德就相去更远。直到梁武帝最后落得个国破身亡，饿死台城时，也没有弄清这个道理。

中原大地以其特有的气象迎接着这位西来的僧人。

那正在建造中的龙门石窟其巍峨的气势让第一次踏入洛阳的菩提达摩叹为观止，而永宁寺那高耸入云的宝塔更是让自言活了150多岁、足迹踏遍了世界各地的菩提达摩发出由衷的赞叹。与在广州不同，走在洛阳的大街上，菩提达摩再也不会招引来无数好奇的目光，再也

《达摩面壁图》：此图绘菩提达摩面壁打坐、苦行修炼的情形。清代宋旭作品。宋旭（1525—约1606年），浙江嘉兴人，李寅弟子，擅人物山水。

禅心

禅心，寂定之心，禅定非思量之心，即心专注于一之状态；又指依禅定所得之本来清净心。

不会有一群群孩童像看稀罕一样追随在他的身后。

早在396年，与晋室通婚以后的北魏拓跋氏从道武帝即信奉佛教。走过100多年的风风雨雨，北朝的佛教在宣武帝（499—515年）时更是得到了大兴。中原大地的浩浩大气自然吸引了一批批外邦的僧人，于是，宣武帝花数十年时间建造了宏大的永明寺，寺内房舍1000余间，以供上千名外邦僧人居住。在这些人中，有著名的译经师昙摩流支、菩提流支、勒那摩提、佛陀扇多等。而至孝明帝时，太后胡氏又在熙平元年（516年）营造了高耸入云的永宁寺塔，从而让古城洛阳成为真正的佛教大都市。

然而那些住在深广大院里的僧人们，是无法理解这位西竺的僧人所推行的所谓“二入四行”的禅法的，他们热衷的只是在一片供佛的浪潮中所带来的物质上的欢愉，他们沉浸在欲望的欢歌中，从而使得中原的佛教处于一种危险的边缘。达摩很快便从这种繁荣的大背景下看到了隐藏在其中的种种危机，他开始失望，于是，他来到相对冷寂的嵩山少林寺让身心得到一种真正的安宁。他选定了一处幽深的洞窟，开始了长时间的面壁禅坐，他相信，在这片广袤的大地上，终久会有一位坚定的禅者来继承他的衣钵。

在这座幽深而潮湿的山洞里，达摩迎来的第一个客人是当地的一位官员。

“弟子久于官场，深知官场的险恶，然而弟子一心向善，从未做过对不住自己良心的事情，虽然如此，却总是被一种无法摆脱的苦恼纠缠着，就像一个被束缚了手脚的囚犯。”

达摩说：“既不要看到恶而生厌恶之心，也不要看到善而努力行善。”

官员说：“那么，弟子该怎么去做呢？”

“不思善，不思恶。”

达摩迎来的第二个客人是一个商人。

“在生意场上，精明总是比愚笨来得好，但是，有时候，精明反被精明误，大师，我该怎样做才是上乘之道呢？”

达摩说：“既不要摒弃智慧而变得愚笨，也不要抛却迷惑而偏于精明，要不愚不贤，不迷不悟。”

“那么，大师究竟要我怎样去做呢？”

“不厌不弃，不要执著。”

一个又一个漫长的日子，他已经失去了时间和空间；一轮又一轮逝去的太阳，他已经不知道自己坐烂了多少个蒲团。人们说，那位古怪的婆罗门僧人已经在山洞里面壁禅坐了快9年了，他高大的身影早已被映在洞中的那一方潮湿的石壁上，于是，人们称他“壁观婆罗门”。在此期间，一批又一批崇拜者来到洞口，他们长时间地跪拜在达摩的面前，希望能成为他的弟子。然而，达摩就像是一尊冰冷的石头。经不住时间折磨的年轻人一批批地去了，唯有那个名叫神光的僧人却坚定地守候在洞窟外，任凭霜打雨淋，任凭烈日寒风。

逃难路上

在一条荒莽的北方山道上，急匆匆地走着两位行色疲惫的僧人。

当时的情形可想而知，在他们的前面，是一条无尽的布满荆棘的山路，在他们的后面，是滚滚而来的废佛的潮流。他们生死未卜，前程难料。为了躲避追行者的目光，他们早已俗衣在身。他们时而混迹于逃难的人群中，时而择小路单独而行。现在我们知道，这两位衣着古怪的中年人一个就是后来被人们尊为禅宗二祖的慧可，另一位则是慧可刚刚相识的僧人昙林。而且我们还知道，慧可身上揣着两样极重要的东西，那就是菩提达摩作为衣钵而传授的信物木棉袈裟以及四卷本《楞伽经》。

这是发生在574年的一幕场景。北周武帝鉴于佛教的滥殇给当时的社会所带来的种种弊病，在经过近10年的精心准备之后，决定废除佛教，改信道教。当无数的经卷被烧毁，当4万所寺宇被当作贵族们的宅第，当300万僧尼被迫还俗的时候，对于慧可和昙林这样的僧人来说，唯一所能采取的措施只有逃走。有人认为，正是在这条逃难的路途中，慧可终于失去了他的一条胳膊。

关于慧可的那一条胳膊，唐道宣在《续僧传》中坚持认为，慧可的胳膊是丢失在574年那条逃生的山

《二祖慧可禅师》：清代丁观鹏绘。慧可（487—593年），我国禅宗二祖，南北朝僧人，虎牢人（今河南荥阳县），俗姓姬，初名神光，又作僧可。幼时于洛阳龙门香山依宝静出家，于永穆寺受具足戒。

路上而不是当初达摩洞窟前的立雪断臂。道宣认为，折磨肉体的所谓“苦行”并不是求得究竟解脱的根本途径，否则当初的释迦牟尼就不会从他的苦行林中走出来了。

道宣还认为，在这条逃难的山路上丢失一条胳膊的不仅仅是慧可，还有他在路途中匆匆相识的另一位僧人昙林。因为天热，昙林的臂伤业已化脓，从认识昙林开始，一股难以遏制的腥臭就驱之不去地追随在他们的身边，再加上禁不住断臂之苦的昙林日夜哭号，慧可实在是有些不耐烦了。他斥责说：“同在逃难的路上，一样饱受颠簸之苦，仅只是丢失了一条胳膊，又何必日夜哭号不休？”

昙林说：“你好好的身子，自然不懂得受伤者之苦了，要是你也像我一样丢失了一条胳膊，你还会说出那种不知寒热的话吗？”

听了昙林的话，慧可突然甩掉披在身上的衣袍，将那只空荡荡的胳膊展示在昙林的面前。

昙林见了，顿时大惊失色，惊呼道：“啊，原来你也曾有过断臂之苦？说说看，你是怎样丢掉这只胳膊的。”

慧可并不言语，天色已晚，他将随身的行囊放在地上，从附近捡来一些干硬的松枝，又以石击火，将松枝点燃。当大火熊熊燃烧之际，慧可拾起一截通红的炭火走到昙林的面前。

“你要干什么？”昙林大惊失色地向后退缩着。

“你的臂伤已经发炎，正危及性命，你如果不想丢掉这色身肉躯，就请让我来替你治疗。”慧可说着便掀开昙林的衣袍，接着就不由分说，将那截通红的炭火按到昙林的臂伤处。随着一阵火与肉相煎所发出的滋滋之声，昙林在一声大叫中昏死过去。

不知什么时候，昙林重新苏醒过来。睁开眼来，只见慧可正将刚刚从山林中采来的药草敷在他的臂伤处。药草让昙林的伤处有一种凉爽而滑润的感觉，昙林感动地说：“仁者，逃难的路上，难得有你这样的僧侣相伴啊。说说看，你的臂是怎样断的？”

慧可说：“臂怎样断的，让后人去猜测吧，总之那是一次刻骨铭心的伤痛，是一次惊心动魄的考验。但我以为，对于一个求法者来说，既明佛理，当不以肉体为苦，无数大德为了求法，甘愿断送性命的不是大有人在吗？”

昙林不再言语，他的脸上露出羞愧之色，从此不再为断臂而哭号。

僧璨忏罪

慧可来到江淮之地，江淮之地奇绝的高山为他的藏身提供了最好的场所，于是，慧可往来于司空山和天柱山以及太湖之间。而更多的时间，他居住在司空山的一间临时搭建的石屋里。站在石屋前的空地上，可以俯瞰远处的平畴沃野和连绵起伏的群山。当如絮的白云从他的石屋上空浮游而过的时候，慧可忽然意识到，他似乎应该结束自达摩祖师以来行无定居的头陀行，从而在这里为禅的开展辟出一块专有的基地来。于是，他在石屋后开辟了一块荒地，他在荒地里种下芋头和蔬菜，他相信要不了多久，达摩祖师的禅法就会在这里生根开花，从而结出最自然的果实来。

在这座峭拔的山头上，很少会有人前来问津，偶尔会有一两个人爬上山来，他们多半是附近的药农或是当地的猎户，看着慧可在那座石屋中长时间地打坐，他们会觉得，这是一个头脑有毛病的人，要不然，一个人怎么会那样长时间地一动也不动地坐在一个地方呢？有时候，他们会看到慧可在门前的菜地里劳作，药农们会走上前去与慧可搭讪。

“点萝卜籽吗？现在还不到下种的时候啊。”

“没事，该发芽的自然会发芽。”慧可头也没抬地继续着自己的活计。

“听口音，你不是本地人吧，你究竟是哪儿人呢？”

“生在武牢，长在龙门，现在到了司空山，连我自己也不知道自己是哪儿人了。”

于是这些当地人觉得这个看上去有些古怪的人其实并不难接近，他们又问：“你来此地，一定有什么原因吧。”

“呵，原因倒是没有，不过总想寻一个儿子。”

“儿子丢了吗？你该下山去找才是啊，住在这里，儿子几时才能找到呢？”

“没事，”那人又说，“到时候，他会自己找上门来的。”

这一天终于来了，这一天，一个40来岁的中年人来到他的石屋前。

“长期以来，我一直生活在苦闷和彷徨之中，总是觉得自己身上有着无尽的罪业。大师，您能帮我把这罪业消除了，好让我从此在轻松和愉悦中打发以后的日月吗？”

《三祖僧璨禅师》：设色绢本，清代丁观鹏绘。僧璨（？—606年）是我国禅宗第三祖，又作僧粲，籍贯不详（或谓徐州人）。初以居士身参谒二祖慧可；二祖识器，收受为徒；遂随侍慧可二年，得受衣法，后入司空山。北周武帝破佛灭法，师隐居皖公山10余年，其后，出世行化。

慧可说：“将你的罪业拿来我看看吧，让我看看那是怎样的一种罪业。”

来人怔了一下，说：“呵，我要是能将罪业拿给你看，我也就从此开悟了。”

“那么，为了你的开悟，让我来替你把这罪业取出来吧。”慧可向来者招了招手，示意他向自己走来。于是，来人果然向慧可靠近了。慧可伸出双手从来者的头上捞了一把，像是捞取了什么沉重的物件，接着，慧可将那沉重的物件用力抛向远处的山坳。

“行了，我已经替你将这无量劫以来的罪业全部取出来了，而且，你都看见了，我已将那所谓的罪业抛向山谷，从现在起，你该是一身轻松了吧。”

豁然开悟的来者噗地一声跪倒在慧可的面前说：“直到今天，我才知道所谓的罪业是自己的心所造成的啊。大师，我请求您为我剃度。”

当下慧可便为来者进行了剃度，并为这第一位弟子取法名僧璨。

剃度完毕，僧璨红光满面，他感慨万分地

说："现在，我终于知道，大师您就是真正的高僧了。那么，请问什么是佛，什么是法呢？"

慧可满意地看着僧璨说："看着你的心，解脱的心就是佛，解脱的心也就是法，记住，佛与法，原是不可分别的。"

僧璨说："师父啊，我现在终于明白，所谓有罪业既不在内，也不在外，更不在中间，如果让心回到它原来的位置，那么，心与佛、与法，也就是如同一致了。"

两年之后，慧可决定重新回到邺都弘法，临行前他把从达摩那里得来的衣钵传授给弟子僧璨，慧可语重心长地说："国难当前，佛法衰微，你可依你原先的方式隐于皖公山一带，不可急于行化。"慧可说着，将传法偈一首付于僧璨：

"本来缘有地，因地种花生，本来无有种，花亦不曾生。"

从此慧可不知去向。

解缚解缚

北方大地上的废佛运动正如火如荼，而在江淮之间的皖公山（现名天柱山，位于安徽省潜山县境内）一带，僧璨正与他的一帮道友们悠哉游哉地打发着他们的闲适生活。

当时的这一带远离北方的都市，北方大地上正在发生的一切似乎并不能影响这里特有的宁静，而南方不断更新的文化浪潮却因为一江之隔而难以被传播到这里。处在南北夹缝之间的江淮之地的确具备了酝酿"禅"这样一种独特文化的条件和土壤。其实，当时活动在皖公山一带的禅僧们除了三祖僧璨，还有皖山神定以及居住在皖公山西麓的宝月禅师等人。他们相互往来，写诗作画，谈玄论道，他们的衣饰杂而不一，他们与猎者相处，他们吃着自己种植的粮食，所以没有人能知道他们真正的身份。也许这样的行为才符合真正的禅者风范，平常而朴实，一点也不显山露水。禅不属于任何附属物，禅只属于它自己，否则就不是禅了。

当国家处在一个并不稳定的时期，当宗教完全掌握在统治者的手里，成为奴役人民的精神武器的时候，修道者们终于认识到，远离都市，在政治难以问津的山林里培育正在生长中的独特精神，是十分必要的。他们在静静地等待着，等待着一种时机的到来，就像蚕等待着破茧出壳，就像堆积的云等待雷的震响。

随着北周武帝的驾崩以及新一轮兴佛浪潮的掀起，地处江淮之地的皖公山一带的禅僧们开始走出隐居的山野，他们在皖公山一带开辟道场，开始了他们公开的弘化生活。而此时的南方，玄学开始兴起，在北禅南玄的影响下，地处江淮之地的禅僧们开始形成自己独特的禅学理论。也正是在这段时间里，被称作禅宗三祖的僧璨写出了禅玄合一的诗偈《信心铭》：

智者无为愚人自缚
法无异法妄自爱著
将心用心岂非大错
迷生寂乱悟无好恶
一切二边良由斟酌
梦幻空花何劳把捉
得失是非一时放却
眼若不睡清梦自除
心若不异万法一如
一如体玄兀尔忘缘
万法齐观复归自然

隋大业年间，一个14岁的孩子来到皖公山。孩子直奔僧璨的住处，及至见到僧璨，孩子倒身便拜。

“师父慈悲，请告诉我解缚的方法吧。”

僧璨看着这个童心未泯的孩子，一下子就喜欢上了，僧璨说：“孩子，快快起来，你告诉我，到底是谁捆缚了你呀？”

孩子站起来，他揉了揉被风沙迷障的双眼，懵懵懂懂地说：“没有人捆缚我呀？”

“既然没人捆缚于你，又何来解缚一说呢？”

“家父整天让我读书，将来好求取功名，我的愿望虽不是这些，但我却又无法不听从家父的安排；家父见我无心读书，又要送我去学郎中，说将来好疗人疾病。其实，我倒是更愿意将来做一个救拔人心灵苦痛的出家人。有时候，同伴们找我玩耍，我知道自己长大

《四祖道信禅师》：纸本设色，清代丁观鹏绘。道信（580—651年），我国禅宗第四祖，蕲州（湖北省）广济县人，俗姓司马。幼慕空门而出家。

了，再也不应该去玩那些过家家的游戏了，但我却禁不住他们的诱惑。我总是感到不得自由，总是觉得有什么无形的东西在束缚着我。”

听了孩子的话，僧璨发出一阵爽朗的大笑：“原来束缚你的，是你自己啊。”

像是受到感染，孩子也笑了，在僧璨爽朗的大笑里，天资聪颖的孩子似有所悟，他眨了眨眼睛，像是在作深沉的思考。

“师父，今天见到您，我终于知道，束缚自己的，其实正是自己。”

“心有缚，则有缚，心无缚，则自由。”

僧璨越发喜欢这个孩子了，他知道，这孩子只需稍加点拨，将来必是佛门的法器。

“孩子，你刚才不是说，希望将来做一个疗治人心疾的出家人吗？那么，现在就随我出家如何？”

孩子伏地便拜，说：“此来的目的正是如此，能得师父的教化，真正是三生有幸啊。”

当下僧璨便为孩子进行了剃度，并取法名“道信”。

又过了一些年，僧璨知道自己的世寿将尽，既然自己后继有人，又何必在乎这一己肉身呢。在一个午后黄昏，僧璨将道信唤到身边说："我将于某月某日寂化而去，现在，我就将衣钵传承于你。记住，衣钵只是信物，并不代表禅法，真正的禅法只在心里。"说着，僧璨拾起一根树枝，随手在地上写下他的传法偈：

花种虽因地，从地种花生。
若无人下种，花地尽无生。

又过了一些日子，一早起来，人们便发现远处的山坡立着一个大树一般的身躯，那正是三祖僧璨。人们发现他时，他已立化多时了。他所立化的日期，正是他此前交待弟子道信时所预知的日期。

姓非常性

唐贞观年间(627—649年)，唐太宗吸取隋朝灭亡的教训，用心治理国家，实行了一系列开明的政策和利国利民的措施，使唐朝政权迅速得到巩固，社会经济得到恢复和发展，从而出现了一个比较安定祥和的社会环境。历史上称之为"贞观之治"。

贞观之治无疑也推动了文化的全面繁荣，佛教也在这一时期得到更大的发展。崇信佛教的唐太宗接受北魏以来佛教滥殇给社会经济所带来的巨大破坏的历史教训，开始设立国家级的僧官制度，规定出家的僧尼必须获得一定的资格方可进入寺院，严格禁止私度僧尼。这一制度的建立，不仅在一定程度上保证了僧尼素质的相对提高，同时也使得寺院体制进一步完善。

禅宗四祖道信也就是在这一时期来到湖北黄梅县东山头，开始创立中国禅宗史上的第一座寺院双峰寺。双峰寺的创立，结束了自达摩以来禅僧们的行无定处、居无定所的"头陀行"的历史，自此以后，中国禅宗的禅林化开始形成。

道信接受了三祖僧璨自达摩以来的"二入四行"禅修方式，结合自己修行的特点，很快赢得八方僧众的推崇，"东山法门"开始形成。

在东山双峰寺，道信将所有的禅僧们集中在一起，按照达摩的坐禅机理，端正身体，宽松衣服，吐呐有致，身心明朗，在这种气氛中倾听佛法，自然很容易得到开悟。

东山双峰寺的禅法之胜，很快传遍了四面八方。唐太宗仰慕道信的风范，特下一道诏书，让道信进京。道信当即上表辞谢，“一介山僧，有何面目去见圣上”。唐太宗再下诏书，道信称病；太宗三下诏书，道信仍是辞谢不行。道信的三次拒诏惹怒了圣颜，唐太宗再下诏书说，如果敢再不来，就直取道信的人头来见我吧。

当京城的使节第四次来到湖北东山双峰寺，并且将太宗的诏书当众朗读之后，道信毅然将头伸于使节的刀下，面无惧色。使节被道信的凛然正气感动了，迟迟不肯下手。于是，使节冒着甘被杀头的风险回到京城，将道信的威仪面呈太宗。太宗长叹一声，从此不提道信，也不提东山法门。

《五祖弘忍禅师》：纸本设色，清代丁观鹏绘。弘忍（601—674年），唐代僧。为中国禅宗第五祖。俗姓周，湖北黄梅人。7岁时，从四祖道信出家，年13，正式剃度为僧。他在道信门下，日间从事劳动，夜间静坐习禅。道信常以禅宗顿渐宗旨考验他，他触事解悟，尽得道信的禅法。

那是一个初春的早晨，道信走在一条乡村小道上，远处走来几个放学的孩子，孩子们唱着山歌，一路向村子里走来。孩子们的歌声感染了道信，他情不自禁地站到路边，一边看着这些可爱的孩子。其中的一个七八岁的孩子特别引起了道信的注意，他似乎是在什么地方见过这孩子，却又一时想不起来是在什么地方见过孩子了。他终于意识到，也许他根本就没有见过这孩子，或许是这孩子与他有着一种特别的缘分，所以他才觉得面熟吧。

他把孩子唤到一边说：“孩子，你姓什么呀？”

孩子抬头看了看他，知道他就是东山双峰寺里的和尚，孩子大声地说：“姓倒是有啊，但却不是平常的姓（性）。”

“能告诉我，那是什么姓吗？”

“佛性。”孩子又大声地说。

道信高兴地笑了，他知道这孩子非是一般的孩子，遂又问他说：“那么，你就没有姓吗？

“只因为性空，所以才没有姓。”

道信一下子就喜欢上这孩子了，他问孩子说：“愿意跟我出家做和尚吗？”

佛性

佛是觉悟之义，性是不改变之义，佛性即是一切众生永不变异的觉悟之性。

孩子说："愿意，但你要回答我一个问题，回答得好，我就跟你去做和尚。"

道信说："问吧，孩子。"

"过去我只听说东山双峰寺的道信和尚，今天算是印证了。那么，以往的诸佛对贤又如何印证呢？"

道信说："空空寂寂。"

孩子想了想说："也就是说，以往的佛圣就没有了吗？"

道信用手在孩子的头上点了点说："太阳照着，还有这满头的纹彩呢。"

孩子一下子就明白了，孩子说："我懂了，有即是无啊。"

道信知道孩子是真的明白了，于是又说："怎么样，跟我出家好吗？"

"出家是没问题的，但要问我娘。"

于是，道信随着孩子一同来到村子里，及至见过孩子的娘，道信着实地把孩子夸奖了一顿，最后提出要将孩子带到东山双峰寺做他的弟子。没想到孩子的娘一口就答应了。从此以后，道信有了一个新的弟子，一个非同一般的弟子。这个弟子，就是后来被人称为禅宗五祖的弘忍。

《五祖再来图》：元因陀罗绘。唐武德七年（624年），禅宗四祖道信得僧璨大师心印后，返回蕲州，在往黄梅县的路上，遇到一孩童，见孩童骨相奇秀，交谈后四祖得知此孩童乃法器，便收为弟子，传于衣钵。孩童便是禅宗五祖弘忍大师。

第二章　本来无一物

弯柴不弯火

求法双峰寺

本来无一物

夜传心灯

大庾岭之战

风动还是幡动

曹溪说法

寂灭之前

本来无一物

弯柴不弯火

岭南春早，虽则刚交二月，但木棉树上早已是花繁叶茂，太阳一探出头脸，即已把火辣辣的春光普照到这万物大地。读书人于是便感叹曰：春光无限，春光无限啊！

二月初十，新州城里逢集的日子，一大早，那十字街口为中心的集市便红红火火地开张了。到处是人头攒动，到处是熙熙攘攘，十里八乡的人们一大早就把这条不大的街市围得个水泄不通，人们涌到这里，等着在这个人气最旺的日子捞一笔最好的生意，等着看一茬难得的热闹。

东边街口响起一阵铜锣，那是一对父女在玩杂耍。只见那十来岁的小姑娘穿一件大红紧身衣，双手抱一抱拳，接着就翻起了跟斗。这边的掌声还未平息，那边的西街口又传来一阵喝彩声，那里的一个山东汉子赤着膊，一条宽布带将腰身扎得碗口粗细，又运一运气，那鼓实的胸部却似一只坚硬的石磁。那汉子拿一把闪光的大刀架在胸前，任由一个看热闹的人手持大锤朝那刀把上砸去，大锤与胸部的撞击发出阵阵的闷响，而那汉子却依然丁字步站在那里，泰山般纹丝不动。

南街一溜摆满了小吃，有油炸、烹炒，也有水煮，热气裹着香气，排档上的人流水一般，一批去了，又一批流来。这里也是商贾云集的所在，各种生意都在这里进行。人们就着几盘小菜，几杯酒下肚，几路拳声划去，一宗买卖也就在不知不觉间完成了。

好一座新州城啊，此刻热闹得就像是一锅煮开的稀粥。

谁也没有在意，一个壮实的汉子挑着一担干柴吱吱呀呀地走了过来，他选了一处市口放下他的柴担，双脚叉开一码宽，双手抱臂，就这样悠闲地站在那里看着从他的眼前晃过去又晃过来的种种热闹。他既不吆喝，也不走动，一副姜太公钓鱼的姿态，似乎半点也不怀疑他的干柴会卖出一个好价钱。熟悉他的人都知道，此人姓卢，名行者，又名慧能，是城外中观村的一名农夫。说起这行者慧能，其家族也曾经有过发旺的时候，他祖籍河北范阳，父亲在范阳做过几任小官，后来不知得罪了什么人，被人整治得吃了官司贬到广东新州，不久即客死他乡。少年慧能只得与年迈的母亲相依度日。慧能自幼未曾读书，稍长成人，便租了人家几分水田，母子俩勉强度日。趁着新州城里的又一轮集市，慧能于昨日下午赶紧上山打了一担干柴，今日挑到城里，希望能卖出些零散用钱贴补家用。

日升三竿，集市上的人更加拥挤，那摩肩接踵的人们一个个头上冒烟，脚底生油，脸上却是被一种莫名的兴奋鼓舞着。唯有慧能仍不急不忙地站在那里，双手抱着膀子，安心地等待着他的买主。有同村卖豆腐的王二路过这里，便说："慧能，有你这样卖柴的吗？你得吆喝，你得四处走动，似你这样，只怕到了天黑也难以卖脱这担柴呢。"

慧能笑笑说："买柴的人自然会来，我在等那买柴的人呢。"

王二知道慧能就是这样的人，脑子里总是有一些怪怪的理论，便不再理他，自顾自己的豆腐生意去了。

看看已到了午时，那同村的王二已卖脱了豆腐回到这条街口，见慧能仍抱着臂子站在那里，便有些幸灾乐祸："慧能，太阳好毒呢，到了下午，你这柴就能自燃成炭，到时会卖更大的价钱。"

慧能听不出王二话里的讥讽，说："自古都是人找柴，哪有柴找人的呢？你看，找柴的人来了。"说时，果然有一老者来到慧能的面前。老者说："这柴怎么卖呀？"

慧能说："柴是山上的废物，力气是身上的浮财，老翁你要是看上了这柴，我就给你送到灶间就是了，又说什么价钱呢。"

老者朝慧能看看，觉得这汉子虽农夫打扮，却气宇轩然，非同一般。老者又说："柴是干柴，可惜弯了些。"

慧能说："弯柴不弯火，老翁你是要买柴还是买火呢？"

《六祖斫竹图》：南宋梁楷绘。描绘了六祖慧能斫竹时的情形。图中的六祖在古树衬托下，一手拿刀，一手持竹竿，正砍伐枯竹。画面以寥寥几笔，就勾画出六祖的生动神态，充分表现了慧能有着丰富生活阅历的这一身世特征。

老者笑了，说："看不出你一个农夫，说的话却有嚼头。我买了吧。"

慧能说声"谢谢了"，胳膊一扬，柴捆上到他的肩上，他跟着老者，走过一处街口，便来到一个小客栈里。

慧能把干柴送到灶间，又将老者给的铜钱放进袋里，正待出门，却被一阵读书声吸引住了。慧能虽一天书也不曾读过，但他却喜听读书之声，每每路过乡间的学堂，总会在那窗外驻足而望，久而久之，慧能也能把一部《论语》倒背如流，只是他总觉得，《论语》上所说，到底还有未曾说透之处。他就想着，总有一天，我会写出一本让人读了透心亮的好书来。他把这心思说给乡间人听，乡间人便笑他说："你一介村夫，斗大字不识半篓，竟也想这天大的心思，慧能你是在痴人说梦吧。"

此刻，那读书声越加脆朗，只听那人念道："一切有为法，如梦幻泡影，如雷亦如电，应作如是观。"

"说得好啊！"慧能禁不住大声地感叹起来。随着慧能的声音，那屋里的读书声便也戛然而止。过不一刻，从屋里走出一个穿着长衫的中年人。那人朝慧能看看说："你是说我的书吗？"

慧能说："是啊，不知客官念的什么书，只这一句，就把慧能的心照得透心地亮了。这一刻我似乎明白了许多的道理，却又一时理不出头绪来。"

那中年人把手中的书扬了扬说："这是一本《金刚经》，佛教的经中之经。"

慧能说："这么好的经书，可惜我今天才第一次听到。请问客官，你这经书是从哪里得来？"

《达摩六代祖师像》：明代戴进绘。此图所画的是佛教禅宗六代祖师的形象，有初祖达摩、二祖神光、三祖僧璨、四祖道信、五祖弘忍、六祖慧能。

那人说："我刚从湖北黄梅而来，那里的弘忍大师正在宣说此经，听讲的人有好几千呢。弘忍大师说，所有出家的或未出家的人，只要悉心拜读此经，必能成就人人自有的佛性，立时就能彻底地觉悟成佛。"

慧能一听，立时就觉得，这是自己过去世所种下的种种因缘，所以今天在卖柴的时候能听到这样至上的经典。只是自己一介农夫，湖北地界离此万里，又怎能亲耳聆听弘忍大师的讲经呢？

那中年人也是一个佛门中的修行人，当下见慧能陷入沉思，便知道他心中所虑，便说："兄弟若是想去湖北聆听弘忍大师讲经，我可成全于你。我这里有一些银钱，你可暂且安顿一家老小，若是日后你觉悟成佛了，可别忘了前来度我。"

慧能当下欢喜不得，他接过中年人的银钱，快步出得城去。

求法双峰寺

慧能进到村里，远远见到母亲正依门远眺，知道自己迟迟而归，母亲等得心焦了。

母亲说："我儿今日进城卖柴，怎么到此刻才回？"

慧能说："今天在城里遇到一个奇人，儿与他交谈甚欢，所以迟迟而归。"

母亲说："那是一个怎样的奇人，儿也说给娘听听吧。"

慧能张口欲说，却又止住。慧能将卖柴的铜钱以及那人送他的银钱一并交到母亲手里，转身去灶间收拾午饭。

母亲接过钱，顿时大吃一惊，问道："一担柴哪会卖出这些钱来，君子不受不义之财，这是娘自幼告诉你的道理，莫非我儿忘记了吗？"

慧能知道娘误会了，说："娘只管放心，不义之财儿一厘一文也不会要的。这些钱，都是那个奇人送与我的。"

"我儿莫打诳语，你与那个奇人素昧平生，人家怎会送你这些钱呢？"

慧能知道瞒不过去了，只得将在小客栈里听人朗读《金刚经》，得知弘忍大师正在湖北黄梅宣讲佛法，并说无论出家在家，只要认真读得此经，自会了知自身的佛性，进而觉悟成佛的话一一告诉了娘。娘是个明白人，后面的话自不必慧能再说了。娘说："我儿不必多虑，自己想做的事，尽管做去，娘决不拉我儿的后腿。"

知儿莫如母，知母同样也莫如儿。慧能原就觉得娘是开通的人，但却没想到娘会这样爽快，慧能扑通一声在娘的面前跪下，眼泪扑簌簌地落到地下。

"娘，儿自幼感知这人世的虚妄，自从听到那人读到'一切有为法，如梦幻泡影，如雷亦如电，应作如是观'后，真正是豁然开朗，方知这世间的一切都是不实，唯有那原本的真性才是真的。儿有心前往湖北黄梅寻求做佛，却又不放心娘独自一人在家。儿正犹豫不知该如何是好呢。"

娘将慧能扶起，说："要是能够作佛，那是儿多少世修得的正果，儿不必为娘牵挂，娘身子骨尚健，且能自己照顾自己。你就前往湖北黄梅去吧。"

第二天，慧能安顿好母亲，立刻往湖北而去。

慧能一路劳顿，不一日来到韶州曹溪地界。曹溪是当年达摩初到中国时经过的地方，至此以后佛事渐兴，曹溪也一路皆佛寺尼庵。经过一座小庵堂时，忽就听到尼庵里传来读经的声音。慧能循声寻去，见一尼姑手捧佛经读得正酣。慧能听不到一刻，便问那尼姑说："师太在读什么经啊？"

尼姑回答说："《大般涅槃经》。"

慧能说："我须告诉你，你有一处念得不对呢。"

尼姑不服，说："我怎么念得不对了，你念念试试。"便把书递了过来。

慧能说："我不识字，你这不是强人所难吗？"

尼姑怪了，说："你不识字，又怎么知

《六祖慧能禅师》：纸本设色，清代丁观鹏绘。慧能（638—713年），我国禅宗第六祖，俗姓卢，先世河北范阳（今涿县）人，其父谪官至岭南新州（今广东新兴县东）。慧能幼年丧父，后移南海，家境贫困，靠卖柴养母。后至黄梅东禅寺欲拜弘忍法师修行，被安排在厨房劳作。

道我念得不对呢？”

慧能回答说：“诸佛妙理，非关文字。”慧能的意思是说，但凡真理，都是一致的，既是佛经，所宣必是与人生事态相一致之理，当是不会有错的，这与文字有什么关系呢？

那尼姑重新捧着佛经再读了一遍，果然发现刚才的粗疏，将一处重要的句子断反了。尼姑抬头仔细地打量着慧能，觉得眼前的这个农夫真是一个奇人，既不识字，却能听出别人读出的错误，因此也对慧能敬佩得了不得。这件事很快就到处传开了，都知道有个不识字的农夫懂得佛经。于是，有座寺庙的住持就把慧能请去了，慧能暂且就在那里住了下来。

在那座寺庙里，住持让人将佛经一段一段地读来，尔后再由慧能逐字逐句地讲解。慧能讲那经时，仿佛曾经读过无数遍，对佛经中所宣妙理早就烂熟于心。然而慧能的心思只在湖北黄梅东山寺，他在这寺庙里住了没多久，就继续往湖北黄梅而来，又经过一些日的长途跋涉，慧能终于到达目的地。

这黄梅东山头背依古南岳，面对大江，站在东山南阳，当见一条江流莽莽苍苍，一路蜿蜒曲折，自西向东直泻而去。这东山头是自四祖道信始开始辟立禅宗道场，如今传至五祖，中国禅自此由头陀行而渐成禅林化趋势，道信、弘忍两代人共创的东山法门也渐至而成。

站在这东山南阳，慧能心中有着说不出的欢畅，觉得此处就是他成佛作祖的重要之地，是他由凡夫向圣贤迈出的第一座驿站。怀着一股难遏的兴奋和成佛作祖的豪迈，慧能迈开大步直向双峰寺山门而去。

五祖弘忍问他，你从什么地方而来？你来这里欲求何物？

慧能回答说，弟子从岭南而来，弟子不求什么，但求作佛。

慧能的率真让弘忍十分欢喜，弘忍故意逗他说：“岭南人一般都野蛮得很，如何能作佛呢？”

慧能听了，便有些不悦，说：“师父原来并不高明，试问人分南北，佛也分南北吗？佛性天然，试问岭南人的佛性与和尚的佛性又有什么区别呢？”

弘忍知道眼前这个看上去粗犷壮实的岭南农夫是

一个可以造就的人物，年迈的弘忍一下子就喜欢上这个岭南农夫了。以弘忍当时的兴致，他还想与慧能继续交谈下去，但见周围站立着一些寺里的僧人，弘忍便刹住了要出口的话语，对慧能说："出家是大丈夫所为，非经过一番苦难者难以穿上这一领衲衣，更何谈成佛作祖。按照寺里的规矩，新来者必先去做些苦其肌肤的粗活，你若是能吃得这份苦，一年之后我自会度你出家，若是吃不得这份苦，趁早回家种田。"

慧能说："慧能自幼种田打柴，什么样的活计没有干过？师父就只管吩咐吧。"

弘忍说："双峰寺里有几百号人吃饭，灶房里舂米的活计忙不过来，你肯去吗？"

"我当是什么苦活计呢，原来就是舂米啊。这难不倒我。"慧能说时，突然就发出一阵爽朗的笑声。

于是，弘忍让人将慧能带到灶房，并且嘱咐厨头说："这新来的农夫粗鄙迂俗，难以造就，可让他先吃些苦头，要不了三个月，他自然耐不住这份苦，自行退去。从今舂米兼打柴的活只管叫他一人去干，其余者都且去法堂听经。"

弘忍的苦心，只有慧能识得。慧能知道，这老头看上自己了，却偏偏摆出一副公事公办的样子，糊弄这些蠢头蠢脑的和尚们，免得他们心生嫉妒。这样一想，慧能对自己的成佛之路便加倍地有了信心。

本来无一物

俗话说，林子大了，什么样的鸟都有。这黄梅东山寺虽说是四祖道信创建，五祖弘忍续传心灯，但自禅林化以来，涌入的人越来越多，其成分也越来越复杂，正所谓"泥沙俱向，鱼龙混杂"。弘忍一天天老了，眼看着这种现象的发生，心头总有一种难言之隐，有着一股怅然之痛。像一切佛门大德一样，在他的晚年，他希望能选好自己的接班人，从而将达摩祖师传下来的禅灯继续地弘传下去。

弘忍的门下，有弟子七百，有才能有作为的弟子少说也有几十人。这一天表堂（集体会议）时，弘忍说到寺里近来发生的一些不尽如人意之事时就有些高声。

弘忍说："各位大德前来出家，都是为寻求成佛作祖而来，没有人是为了做衣架饭袋而来。可是，你们中间，真正用功办道的又有几人？那些在俗的人们，只想着荣华富贵，只想着荣宗耀祖，他们中间稍有觉悟的，也只是把生死之事看得较重。而你们呢，成天地供养三宝（佛、法、僧），也只是想着寻求获得来世的福德和果报，而不知道如何脱离生死的苦海。你们如果迷失了自己本来具足的佛性，就是获得福德果报又有什么用呢？"

弘忍的话语虽然不多，却句句都打在那些懈怠的弟子们的心上，大家都惭愧地低下了头，认真地反思着自己的言行。

清代线刻图：《三十二祖弘忍大师》。弘忍得四祖道信大师正法眼藏和衣钵相传，为中国禅宗第五代祖师。

弘忍又说："我已经老了，关于传授衣钵心灯的事在我的脑子里也不是一天两天了。现在，你们都各自回到自己的寮房去，我希望大家认真地作一番自我反省，你们中间有智慧者，自然会体会到自己本性中所具有的般若智慧，然后每个人都写一首偈子来给我。如果发现有领悟到佛性大意的人，我便把衣钵心灯传授予他。"

弘忍大师说完就下堂去了。正好有一位卢画师前来，他是应弘忍大师的邀请，准备在寺前的南墙绘制释迦牟尼本生画像的。弘忍领着卢画师回到法堂去了。

大家各自回到自己的寮房，但是，一连几天，谁也不敢做什么偈子。僧人某甲说，神秀大师是弘忍最推崇又是最有学问的弟子，衣钵的传承，非他莫属，我们也就别去做什么偈子献丑了吧。僧人某乙说，那是自然的了，神秀大师是我们的教授师，论学问论修持，谁也比不过他。大家也都齐声附和着说，神秀大师是真正的道德文章，真正的修禅人，我们只须依靠在他的身边也就是了。于是大家都不抱任何幻想，谁也不去煞费苦心地去写什么偈子。

就在大家为这偈子议论纷纷的时候，首座神秀却在自己的房里经历了一场痛苦的心路历程。神秀知道，大家都不写这个偈子，是因为自己是大家的教授师，然而凭心而论，自己对佛性的思考也不是十分透彻，纵然是写了一首什么偈子，也未必能被师父看上。但是，大家如果都不写这首偈子，师父又怎么能知道大家的心迹呢？然而神秀还是想，如果自己写了偈子，别人会怎么看自己呢？别人会不会说自己是为了想谋得祖师衣钵而写这偈子的呢？再说了，通过这种方式谋得祖师衣钵，说起来不也是一种以凡愚之心去夺取圣位之举吗？

思索了一夜，神秀也没有作出最后的决定。直到第三天的晚上，神秀终于下定决心，不管怎么样，必须写一首偈子，即使不能达到至高的境界，也可让师父看到自己的心迹。于是，经过一再的斟酌和反复的推敲，神秀终于作出了一首偈子，趁着月黑风高，神秀把他的偈子贴到那面准备绘制释迦牟尼本生画的南墙上去了。我们现在来看这首偈子：

身是菩提树
心如明镜台
时时勤拂拭
勿使惹尘埃

这首偈子做得好啊，谁能做到其身体像菩提树一样端庄，一样正直呢？谁能让自己的一颗冥顽之心像明镜台一样纯净无染呢？就是这样的人，他还是要时时检查自己，免使自己惹上世俗的尘埃。

德高望重的神秀将偈子贴上南墙后，就又悄悄地回到自己的房中休息。第二天一早，弘忍大师与卢画师来到那面准备绘制佛祖本生画的南墙前，见那上面贴着一张纸，纸上秀雅的书法写着一首偈子。大师念毕，连连点头，忽然又对卢画师说：“我这南墙原准备请你来画释迦牟尼本生画的，现在我猛然想到《金刚经》中所说，诸法空相，一切有相，皆为虚妄，请原谅我在突然中改变了主意，当然，工钱我一定是照付了。”

卢画师当然是不收工钱的，卢画师走后，弘忍将所有的僧众召到这面南墙前，接着就让人对着神秀的偈子焚香礼拜，说：“我原准备在这南墙上请卢画师绘制释迦牟尼本生画的，但我现在改变了主意，为什么呢，因为我看到这墙上贴了一首偈子，我实在不忍心将这偈子擦去，我希望大家每天都能将偈子诵上几遍，不仅要诵，还要照着去做，只要大家认真地照着这偈子去做，自然能懂得何为佛性，更不会堕落到地狱、饿鬼和畜道中去。”

于是大家都念了起来，并且都在心里升起一股对神秀大师的恭敬心，大家也都觉得，这祖师的衣钵，自是神秀大师无疑的了。

众人散去后，弘忍让人将神秀叫到法堂，悄悄地说："首座师，那首偈子是你写的吗？"

"弟子惭愧，弟子写了这首偈子原只是了明心迹，好让师父慈悲开示，指点迷津，看弟子是否了明佛性的大意。"

弘忍说："对于一般人来，若是照着偈子认真去做，一定会得到完美的品格，也不会堕落入地狱、饿鬼和畜道中去，但要说了明佛性大意，自然就不好说了，依我看来，还只是到了大门口，还没有进得门去。而对于你神秀首座，如果持有这样的见解，是很难得到佛性的最高境界的。人必须真正跨进佛性真理的大门，才能认识自己的本来面目。"

弘忍只顾说着，却没有在意神秀在一旁大汗淋漓，神秀只低着头，一副惭愧至极的样子。

"你且先回去，可继续思考，如果有一天你进了真理的大门，真正懂得了佛性具有的特质，你再写一首偈子与我，我会把衣钵传给你的。"

神秀惭愧地说："弟子不敢有寻求一代祖师的狂妄念头，我会记住师父的教诲，继续努力的。"说完，神秀退下去了。然而好多天后，神秀依然没有写出新的偈子来。神秀又怎么想到，事情会在突然之间发生了一个质的变化呢？

衣钵

衣钵，指三衣及一钵。三衣，指九条衣、七条衣、五条衣三种袈裟。钵，乃修行僧之正式食器。为出家众所有物中最重要者，受戒时，三衣一钵为必不可少之物，亦为袈裟、铁钵之总称。禅宗之传法即传其衣钵予弟子，称为传衣钵，因此亦引申为师者将佛法大意传授予后继者。

夜传心灯

慧能已在碓房舂米半年之久，弘忍传法的事虽然在双峰寺里闹得沸沸扬扬，但一直就没有传到碓房里来。

一天，一个小沙弥从碓房路过，小沙弥一路走着，一路背诵着一首偈子。慧能听罢，就知道这是一首很普通的偈子，这偈子离真正的佛道还远着呢。

"小师父，你刚才所念，是什么人的偈子啊？"

"啊，连这个也不知道呀，告诉你吧，这是神秀大师所做的偈子，弘忍大师说让我们大家都要按这偈子去做，自然不会堕落到恶道。"

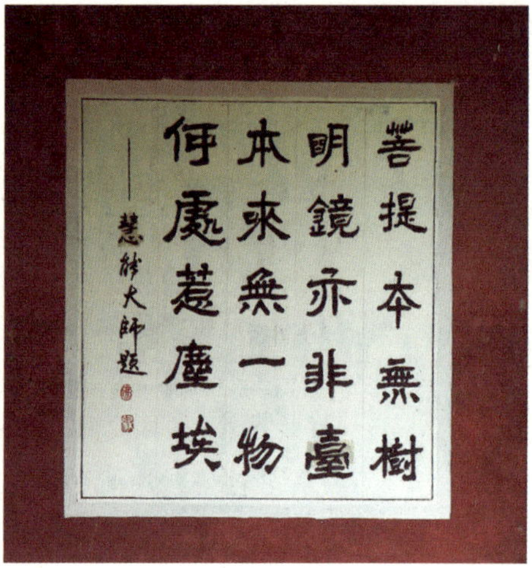

石刻：四川什邡蓥华镇蓥华山海会堂，上书“菩提本无树，明镜亦非台。本来无一物，何处惹尘埃。慧能大师题”。2008年“5·12”大地震后，海会堂几乎化为废墟。

小沙弥又说：“忘了告诉你了，弘忍大师原说过，有作出了明佛性的偈子的，就把衣钵传给他。”

慧能说：“可这偈子并没有了明佛性啊。”

小沙弥不屑地说：“你一个舂米的伙夫，你懂得什么佛性？你还敢说神秀的偈子没有了明佛性，你好狂妄啊。”

慧能说：“什么身是菩提树，心如明镜台，佛性空无，哪还有菩提树，哪还有明镜台呢？什么也没有，哪还用时时勤拂拭呢？”

小沙弥听着，觉得慧能说得有些在理，便说：“你懂佛性，你做一首偈子看看，说不定将来你会得到祖师衣钵呢。”

小沙弥原只是讥讽的话语，谁知慧能认真了，慧能说：“我是有一首现成的偈子，只是我不识字，更不会写字，你能帮我把这偈子也写到那墙上去吗？”

小沙弥新鲜了，心想世上竟还有不识字而会写诗的人，便说：“你若是作出偈来，我替你写到墙上去就是了。你先把你那偈子报来。”

于是，慧能当下就把心中的偈子念了出来，那偈子是：

菩提本无树
明镜亦非台
本来无一物
何处惹尘埃

小沙弥觉得这偈子的确有些不一般，但到底怎样的不一般，他可就说不上来了。当下小沙弥就把慧能的偈子写到那面墙上，正好就在神秀偈子的东面。

慧能这一首偈子的出现，犹如平静的湖水里投进了一颗若大的石子，被传法事件闹腾了好几日的双峰寺重新又掀起新的波澜。大家都说，奇了奇了，不识字的人也能作出偈子来。

这事很快就被弘忍知道了，弘忍来到那方墙下，他读罢这首偈子，不免大吃一惊，心里连连惊呼，了得，了得，这个岭南农夫果然非同小可啊！紧接着，弘忍被一股难以遏制的情绪激动着，他开始为佛法而宽慰，为自达摩以来的禅宗而宽慰，中国的禅宗，乃至东山法门，终于是后继有人了啊。然而大师面无表情，一副波澜不惊的神情。他看了看四周，便脱下鞋子将慧能的偈子擦去了，并说，这首偈子也没有什么，大家各自回去，做自己的事去吧。

当天下午，弘忍还是忍不住地来到碓房，见到慧能挥汗如雨地将一袋糙米倒进碓里，弘忍说："求道者当为法忘身，好一个伙夫，米熟了没有？"

慧能知道弘忍前来的意蕴，便说："米早熟了，只差一筛。"

弘忍的到来，立即引起僧众的注意，大家都围了上来，不知弘忍今天为何亲自来到碓房。弘忍不再说话，他拿起禅杖，朝着慧能的石碓轻轻地点了三下，慧能立即就明白了。

黑夜像一张巨大的幕布，将白天里所有的一切都笼罩在它的范围之内。伸手不见五指的黑夜，将人世间所有的神秘都包含其中。夜漏更定，慧能悄悄地来到弘忍的丈室。轻轻地推开房门，正见弘忍端坐在他的禅床上闭目禅定。慧能不敢惊动大师，只是在大师的禅床前悄然跪下，静等着大师的出定。

不知过了多久，弘忍睁开眼来说："好一个伙夫，怎么不请自来了？"

慧能说："该来的自然会来。大师白天在我的石碓上连击三声，不就是让我三更天里来见大师吗？"

时间不再等人，弘忍下了禅床，用黑布遮严窗户，接着，大师捧出《金刚经》，将经中的妙旨细细地讲解给慧能听。当慧能听到其中"应无所住而生其心"时，顿时就开悟了。

弘忍说："你既已开悟，现在，我该把衣钵传授与你。我将不久于人世，禅宗的心灯希望能一代一代地递传下去。记住，顿悟成佛的方法只能是以心传心，要让承继者自己了明佛性大意，让一切承继者自己去领悟自身具有的佛性。"

慧能接过衣钵，止不住心中的激动，伏在地上久久不肯起身。

山外的鸡开始啼叫二遍，弘忍扶起了慧能说：

“时候不早了，明天一早，双峰寺里必然会有一场轩然大波。趁着黑夜，你赶紧逃走要紧，免得有人加害于你。”

月黑风高的夜晚，一只小船悄悄地驶离江北的岸边，开始向对岸划去。船上二人，正是刚刚从湖北黄梅东山禅宗五祖手中秘密接过衣钵的慧能和他的师父弘忍。

这是发生在大约唐高宗咸亨初年的某一个夜晚的事情。

显然，船上二人都不识驾船，船在江心滴溜溜地转了几圈后，开始顺水向下游漂去。

弘忍说：“还是让我来划吧，度你的本来是我啊。”

慧能则说：“不，弟子迷时，由师父度我，弟子悟时，应该自度。”

就这样，小船顺风顺水，终于艰难地靠到了江南的岸边。弘忍挥手与弟子作别，并嘱咐说：“小心啊，在我未寂之前，千万勿弘此法。”

慧能说：“师父放心，衣钵只是一种信物，而真正的传承，是师父的以心传心。”弘忍点头默许。于是，师徒二人就此分别。

大庾岭之战

东方的天际露出鱼肚白色，一轮喷薄的朝阳抖动着它腥红的裙裾猛然一下跃出了地平线，将一抹带着水气的清辉普洒在这芬芳大地上。声声鸡啼，仿佛正唤醒着熟睡的人们，让人们早早起来，去从事各自的劳作，去领悟人生的大义。村子里的狗叫起来，不远处传来孩子的啼哭声和妇女的叫喊声，这一切的天籁之声，在慧能听来，仿佛正是梵宫的音乐，是灵山会上传来的佛音。

慧能带着刚刚得来的衣钵，同时也带着一股自信和快慰，大步行走在江南的田野上。冰凉的露水打湿了慧能的衣襟，空气中散发着露水的清香。不断有行人与他擦身而过，人们不知道这朴实的农夫究竟为何人，更不会知道，在以后乃至千年万年，人们都将会永久地记住一个名字：禅宗六祖慧能大师。

路过一家小客栈，慧能稍作歇息，顺便喝了点稀粥，接着便继续赶路。他只是往前走着，其实，他并不知道自己要去哪里，更不知道何处才是自己日后的安身之地。他想他一年之前还是一个愚顽的农夫，而此刻，他却是一个了明心意的开悟之人。一个人只要他心中有一个明确的方向，又何须为肉体生命的归宿而操心呢？他记住师父的话，要把这顿悟法门带到南方去，去度脱南方的芸芸众生。他还记住师父另外的一句话，在他尚未示寂前，千万不可弘传这种法门。

走过江南的平原，走过汉中的丘陵，前面就是大庾岭了。走着走着，慧能本能地觉察到来自背后的一股寒森森的敌意。他迅速地爬上大庾岭，借助一个制高点，终于看到一批一批的人冲着他行走的方向急匆匆而来。那队伍中既有僧人，也有在家之人。慧能终于知道，师父是何等敏锐，祖师的衣钵被一个未曾出家的农夫取走的消息在黄梅东山双峰寺像旋风一样刮了起来，这消息像一滴水突然地掉落进沸油锅里，立即掀起了炸烈般的效果。人们震惊、愤慨，甚至号哭、悲哀，为衣钵的走失而掀起一阵阵狂澜。于是，愤怒的人们自发地组织起来，他们寻找着慧能的脚迹，尾随着慧能的方向，向慧能追杀而来。他们只为一个目的，夺回衣钵，奉于神秀。

慧能站在大庾岭的一块巨石上，此时此刻，慧能的心中有着一股说不出的悲哀。在这一刻，慧能想起当年为了将禅的种子带到中国这片广袤的大地而面壁9年的达摩祖师，想起了立雪断臂的二祖慧可……这时候，慧能多想大声地告诉那些执著于衣钵的人们：衣钵又有什么呢，真正的传承是心与心的交替，是佛性高妙绝然的启悟，是智慧火花的闪烁，是领悟了人生真谛后的愉悦，这些都是看不见，也摸不着的啊，这与有形的衣钵又有什么相干呢？

慧能将从弘忍那里得来的衣钵放置在大石上，专等着那些人前来抢取。他会大声地告诉他们说：拿去吧，可怜的小人们！可是，那深藏在慧能心中的智慧你们能拿得去吗？

奇怪的是，那些人一批批地向大庾岭扑来，而不等到接近大庾岭，那些人又一批一批地撤退了。在慧能凛然的神情中，他们似乎终于领悟到了什么，于是，他们自动地退回去了。

慧能摇了摇头，朝那些人笑笑，眼中无端地滴下两颗泪来。时候不早，慧能拾起大石上的衣钵，继续往大庚岭的深处走去。

这大庚岭是一座横亘于南北之间的高山，平常的日子里，除了少数打猎的人们，很少会有人自岭上走过。然而慧能偏偏选择了这条高山捷径，就是因为听了师父的劝告，躲避可能存在的追杀。现在，追杀的第一轮高潮终于退落了，他知道，战斗远远还没有结束，还会持续很长的一段时间。师父的话是对的，在他老人家尚未示寂之前，顿悟法门暂不能对外弘传。眼前对于他来说，最要紧者，就是要深藏于崇山峻岭之中，与山人为伍，与猎者为伴，等待合适的时机，将禅宗的顿悟法门一代代弘传下去。

《六祖像图》：此图画禅宗六祖慧能在菩提树下诵经的情形。

日已西斜，慧能已马不停蹄地走了大半天的时光，这大半天的时间内，他没有吃一口东西，没有喝一口水。现在，当危险稍稍过去之后，他终于觉得有些累了。

眼前一泓清流自山中汩汩流下，慧能伸手掬一捧泉水送入口中，顿时觉得甜美无比。他又撩一掬清泉洗了把脸，精神随之一爽。趁着天尚未黑，他须抓紧时间赶路要紧。

忽然，耳畔传来一阵急迫的脚步声，他竖耳细听，从他的背后传来叫喊声："慧能止步，行者慢走！"

远处裸露的山坡上，来者手提戒刀，恶狠狠地向这边扑了过来。等到近了，慧能终于认出，那人正是双峰寺的僧人惠顺。惠顺军旅出身，曾做过三品将军，此人行为粗暴，性情险恶，被人称为惹不起的角色。说时迟，那时快，惠顺已离慧能不过半里路程。真正的危险就在眼前，自己又何曾是惠顺的对手。慧能知道惠顺仍只是为衣钵而来，于是，便将衣钵放在路边显眼的大石上，自己则藏身于一处灌木丛中。

不一刻，那惠顺已追到慧能藏身的所在。首先进入惠顺眼帘的是路边的衣钵。望着那件使不知多少人眼红心跳的衣钵，惠顺忽然喜极而泣，揽开双臂，便向衣钵扑将而去。不可思议的事情发生了，那轻巧的衣钵此刻正躺在路边，任凭惠顺如何用力，那衣钵却好似被胶水粘在了石上，被钉子钉在了路上。惠顺终于明白，一切俱是天意，衣钵为佛法的信物，又哪里是他这样的人轻易能够得到的?

惠顺丢下手中的戒刀，面对衣钵，伏身倒地，连连叩首。他知道慧能就藏在附近，于是便又对着山野叫着："慧能大师，惠顺非为衣钵而来，弟子是为求法而来。"

直到这时，慧能方从草丛中露出身来。惠顺见了，伏身倒地，口中连称："师父请受弟子一拜。"

慧能说："衣钵不过是信物而已，真正的佛法，师父已传在慧能的心里。"

惠顺说："弟子愚顽，虽放下屠刀多年，然而却半点不曾开悟，今得闻大师开悟成佛，特意风雨兼程，日夜赶来，望大师慈悲，将禅法传承于我。"

当下慧能就坐在大庾岭的顽石之上，将佛法的精妙传承于惠顺。当说到"应无所住而生其心"一句时，惠顺似乎有所领悟，慧能又进一步启发他说："不思善，也不思恶，这种时候，能体会到自己的本来面目吗？"

惠顺顿时泪流满面，激动地说："如人饮水，冷暖自知。我现在终于明白了。"

惠顺说："师父今欲往何处而去，弟子愿追随师父，从此效犬马之劳。"

慧能说："弘忍师父嘱我往南而行，将顿悟法门传至南方，从而度脱南方信众，你今受我佛法，为我首传弟子，你可往北而去，从今以后，你我师徒一南一北，一旦时机成熟，不愁顿悟法门不弘传于中国南北大地。"

当下是惠顺与慧能作别，师徒二人一南一北相向而去。

风动还是幡动

走出大庾岭，慧能忽然感到这世界的廓大和嘈杂。

16年过去了，慧能已经习惯了大庾岭的阒静，他习惯了大庾岭松涛的和鸣，习惯了大庾岭浓浓的雾岚和头顶上密不透风的森林。这16年里，慧能与猎者为伍，与山人相伴，其实，他就是猎者，他就是山人，他就是他们中间的一员。好多年前，他一直就是过着这样的生活，只是，当时的慧能不过是一个为衣食而谋的人，就像这些猎者、这些山人一样，而现在，他却身怀重任，他要把从弘忍那里得来的禅法向外弘传，他要让禅宗的心灯一代代永不熄灭地往下递传。于是，他不得不耐心地守候在这原始森林里，等待着某一个时刻的到来。

应该说慧能与大家相处得不错，猎人们很喜欢这个有着农夫的粗犷、却又有着哲人风范的南方人。他随和、幽默，虽然看上去很有学问，但他却一点也不显得高人一等。住在这与世隔绝的森林里，难免不觉得生活的枯燥和精神的萎靡，有时候，慧能也和猎人们一起开几句不荤不素的玩笑，从而让一股浓浓的笑声透过高拔的树林穿越时空。于是，猎人们觉得慧能就是自己中间的一员，他们乐意坐下来听慧能讲经说法，乐意让慧能帮着解决一些猎人之间因为财产、因为女人、因为其他一些莫明其妙事情产生的纷争。

让猎人们无法理解的是，这个高大威猛的农夫却有着女人一般柔软的心肠。有时候，当看到猎人们将一

广州光孝寺山门：光孝寺，唐朝时为法性寺。这是六祖慧能法师“开东山法门”的道场。

只活生生的野物处死并肢解的时候，他会远远地躲开，他会无端地流出行行热泪。于是，大家对他时常趁人不注意，将猎人们好不容易狩来的猎物悄悄地放跑的行为也就能给予更多的理解。只是他们不再让慧能看守猎物，而是让他重操旧业，替大家烧火做饭。

偶尔会有人问他，你究竟是什么人，你为什么长期地隐藏于这原始森林里？莫非是你犯了什么案子吗？慧能的回答模棱两可，于是人们相信，这个朴实的中年人一定是像当今很多的好人一样得罪了官府，所以他不得不深藏在这里，等待着一个时机的来临。

现在，他终于走出了大庾岭，走出那座他隐藏了16年之久的原始森林。阴霾已经散去，阳光再现当头，现在，是他大张顿悟法门的大旗，将禅法的种子播撒于南方广大地区的时候了。根器中原有的具足智慧，弘忍大师的点拨教诲，再加上这16年大庾岭的深思明悟，慧能对自达摩以来的禅法有了更多的理解。一个人只要了明自己的心性原本就是无染的，那他就是智慧的佛了。关键是在心的一念之间啊，一念之间便为佛，一念之间便为魔，就是这样简单，就是这样快捷。

慧能告别了大庾岭，一路向南方走去。过不月余，慧能来到广州地界。

广州，这座南方的城市，再也不是从前的那个佛法的不毛之地了。当然，现在的慧能，也再不是当初弘忍调侃他时所说的“獦獠”之人了。在慧能的眼里，现时的广州虽然还不能与“南朝四百八十寺，多少楼台烟雨中”的江南相提并论，但广州正是慧能正式出山的第一站，是他人生链条中极为重要的一环。慧能就像是一个憋足了劲的演员，就等着那大幕正式拉开，他又像是一个蓄势已久的斗士，等待着那一声发令的枪响。

他来到广州最大的佛寺法性寺，山门前可谓人山人海，各色人等汇集在这里，参加法性寺举办的“无遮大会”，聆听南方著名的禅宗大德印宗法师讲说《涅槃经》。慧能想，既是讲经，何不进去听听呢，倒是要看看这位印宗法师到底把那部经讲得如何。

无遮大会的会场就设在法性寺山门一侧的广场上，讲经尚未开始，但听经的人已将一个若大的广场围坐得水泄不通。广场上人头攒动，旗幡飘扬。人们席地

而坐，全然不顾这南方毒辣辣的太阳的当头炙烤。慧能的心中发一阵感慨，佛法振兴，即在今日啊！

印宗法师终于来了，人们恭敬礼拜，久久不起。在震天的佛号声中，印宗法师登上了法座，然而老法师却久久不语，只是静静地合眼微笑，似乎正进入禅定的状态。于是，无数的人们也就随着老法师双眼微闭，双手相叠，进入一种微妙之中。

忽然，广场上刮起了一阵风，那风平地而起，卷起地上的尘土，卷起空中的云絮，在人们的头顶制造了一连串的风烟；那风呼啸着，将广场上的旗幡吹得噼啪作响，一时间人们均蒙上了眼睛，捂住了头脸，没有人能在这突如其来的狂风中镇静自如。有人开始逃离广场，向一个避风的所在撤退而去，一时间人们皆蠢蠢欲动，刚刚开始的无遮大会顿时乱了阵脚。

六祖慧能瘗发塔：广州光孝寺。慧能受戒后，住持僧法才把头发瘗藏树下。上盖八面七层发塔。现发塔平曲作八角形，7级高7.8米，以石基灰沙砖筑成，仿楼阁式塔，各面设佛龛佛像，粉墙上隐砌红色角柱、阑额，柱头坐方栌斗承梁尖而无普柏枋，斗欹下内幽页下施皿板。素身瓦面弧度优美，上作八角攒尖顶，基座为红色砂岩。

唯有印宗法师端坐如初，就像是一尊入定的现世佛。于是，人们开始感到了惭愧，开始感到自己的定力远远没有达到“八风吹不动”的境地。

印宗法师忽然开口说：“大风起兮，佛幡扬兮，风声朔朔兮，幡动猎猎兮，诸位，谁能说说究竟是朔风动兮，抑或是佛幡动兮。”这是印宗法师巧取方便，为在场听众指点迷津。人们终于忘记了这突然而起的狂风，全都顺着大师的导引，进入到一个禅的智慧状态中去。于是，说风动者有之，说幡动者有之。双方争执不下，于是便寻求印宗法师的权威的评判。然而印宗法师仍只是翕首微笑，不作任何回答。

忽然，一个声音从会场的某处传来，那声音划破历史的长空，似乎是从远古而来，又似乎是从现代而来，这声音一经传出，就立即给人以惊世骇俗之感。

“既非风动，亦非幡动，乃是仁者的心动。”

沉默，久久的沉默，继尔，人们全都站了起来，向这个声音问寻而去。于是，他们看到一个粗犷的农夫模样的人站在那里。他的脸上是那样不卑不亢，他的身躯是那样挺拔端庄。人们几乎难以相信，那惊世骇俗的声音就是发自这样的农夫之口，人们暂时更不会知道，这个农夫将引领中国禅宗的新潮流，他将高举中国禅宗的大旗，在日后的几千年里引发一场轰轰烈烈的禅宗革命。

印宗法师终于走下法座，老法师一直走到这个农夫的面前。他向农夫合一合掌，说："久闻黄梅的衣钵被一绝世奇才传走，仁者，莫不就是慧能大师吗？"

慧能再也抑制不住心中的激动，于是回答说："在下正是。"于是，当着所有在场人的面，慧能拿出五祖弘忍16年前交与他的衣钵，接着又将16年来隐于深山，与猎者为伴的过程一一向在场人述及。听讲者无不合掌，无不发出由衷的感叹，感叹佛法的妙相，感叹禅宗的后继有人。

当下印宗法师就要请慧能登坛说法。慧能说："我从黄梅弘忍大师手中接过衣钵时，弘忍大师来不及替我剃度即送我连夜过江，16年来我与猎者为伴，一直没有剃度的机会。今遇印师，就请大师替慧能剃度罢。"

于是，印宗法师当即就为慧能举行了剃度仪式，至此，慧能才正式现出僧相，成为一名僧人。剃度完毕，印宗法师再次请慧能登坛说法。慧能也不再推辞，于是从容登坛，为众人说法。

曹溪说法

一场突然的变故，让神秀失去了本该得到的衣钵。

平心而论，神秀对慧能是从心底里觉得佩服的。一个农夫，如果不是天然颖悟，又怎能在极短的时间内识得自己的本性，从而开悟成佛呢？神秀知道，与慧能相比，自己充其量只是一个小根器的人。虽然如此，神秀对自己的禅法还是自信的，在这个世界上，人群好比一只两头尖尖，中间粗大的枣核，极其优秀的人和极其顽劣之人毕竟是少数，而大部分人都属于根器一般。既然如此，那就让自己生活在这广大的小根器人之间吧，

玉泉寺：玉泉寺位于湖北省当阳县玉泉山，是神秀讲法之处。

让这些根器一般的人感受纯良的佛法的熏陶，使人人都能像菩提树一样端正，像明镜台一般无染，并时时拂拭，勿使惹上尘埃，那是必要的。长持以往，这世界必是一个纯良的世界，这人类也必然是一个纯良的人类。

而对于衣钵的失去，神秀自己也许并没有多少悔恨，他之所以作出那首偈子，原本也没有去夺取六祖宝座的企图，只不过他希望以自己的心迹获得师父弘忍的首肯，以求得师父进一步指点迷津罢了。至于后来的所谓大庚岭之争被现时或后世人闹得沸沸扬扬，那实在是与自己无干。弘忍住持下的黄梅东山，就像是一座火山口，那表面平静之中早就酝酿着四伏的危机，大庚岭之争只不过是一次火山的喷发罢了。

在那段时间里，神秀面对的压力可想而知。但是，他硬是顶住了这种压力，继续不温不躁地在渐悟成佛的道路上一点一点地前进着。他拒绝了一次又一次外界的邀请，抵御了一次又一次精彩世界的种种诱惑，一如既往地侍奉在师父弘忍的身边，直到师父弘忍圆寂。

处理完师父弘忍的后事，神秀便来到河北当阳玉泉寺，在这里大弘渐悟法门。

在此期间，慧能已在南方名声大振，慧能的顿悟成佛的理论给无数在意欲成佛的道路上苦苦追寻的人们指出了一条快捷而便当的道路，原来佛性人人自有，原来人人皆可成佛。正所谓一念净时便为佛，一念染时便为魔，就这样简单，就这么不可思议。

终于有一天，神秀将自己最得意的弟子志诚叫到面前说："在我的弟子中，你是最有智慧的一个，现在，我派你去一趟韶州曹溪，去看看慧能大师究竟在说些什么，以至于他的顿悟法门所向披靡，信众们望风而至。你将听来的实况细细记录，回来一一禀报于我。我好研究一下慧能的禅法与我的禅法究竟有什么不同。记住，你切切不要暴露自己的身份，不要让慧能看出你是我的弟子，不要让他知道你是我派往曹溪而去。"

志诚说："师父，您能允我过了这一阵再去曹溪吗？自从听了师父关于戒、定、慧三学的宣讲之后，我自觉地摒除了精神上的一系列杂念，自觉地打扫自己心地上的灰尘，自认为在戒上做得比较干净了，现在，我正在定的道路上刻苦努力，我相信要不了多久，我就会在定中发现自己的智慧所在，到那时，预计我离成佛也就不远了。"

"你还是早一点去曹溪吧，"神秀说，"一切行、住、坐、卧皆可入禅，派你一趟公差也并不会影响你的禅定。希望你早去早回，我等着你的消息。"

志诚见师父如此急迫，也就即刻启程了。不久，志诚即到达韶州地界，再步行几十里，便到了曹溪南华寺，恰好南华寺召开无遮大会，成千上万的信众来到南华寺，听慧能宣讲佛法。志诚于是也涌进了这成千上万人的行列，寻了一处座位，开始细心听慧能说法。

这时，一位和尚自报家门，说他名叫法达，说他有一问题想请教慧能大师。

"大师，弟子这一阵在读《法华经》，有一些问题弄不明白，大师智慧广大，希望能为我解惑释疑。"

慧能说："你明明知道我一生都不识字，你偏偏拿了一本这么厚的经典来请教我，这不是让我为难吗？"

会场上发出一阵轻快的笑声，志诚也笑了。他是第一次认识慧能，虽然早就听说慧能是一介农夫，但今天果然见到他说出一生不识文字的话，到底还是觉得稀罕。

这时只听慧能说："这样吧，你把这经给我念一遍，我看看释迦牟尼到底在这经上说了什么好吗？"

法达念完了，慧能说："一部《法华经》总共七

顿悟与渐悟

顿悟与渐悟是指关于证悟成佛的两种方法或步骤。顿悟指快速证入觉悟之境，而不须依一定之次第作长期修习。渐悟指须经一定顺序之长期修习，始得证悟。

卷，讲的全是事物的因果变化的条件。懂得了因果发展的规律，也就懂得了解脱的方法。佛在这里讲了三种解脱方法，总结起来只有一种，就是顿悟成佛的方法。如何顿悟成佛？现在，我要你丢开经文，让自己的心念正直安定，回到本性上去，等到你看到了你自己的本性，你也就算是阅读完这部经了，你也就顿悟成佛了。”

接着，一位官吏站起来问道：“我听说当初达摩祖师在金陵会晤梁武帝，帝说，我一生斋僧、供佛、建寺，功德有多大？没想到达摩却说无有功德。为什么达摩要说没有功德呢？”

慧能说：“斋僧也好，供佛也好，建寺也好，那不过是一种祈求福报的手段，而真正的功德只存在于佛法智慧本身，这与祈求福报有什么关系呢？”

那位官吏又说：“我过去认识一些高僧，他们只教我坐禅入定，说如此做来，定能成佛。请问大师，这样做行吗？”

慧能说：“你坐禅几年了？”

“启禀大师，我坐禅七年了。”

“那么，你成佛了没有呢？”

法堂里又是一阵笑声，在这种笑声里，那位官吏似乎明白了什么。而慧能却随口念了四句偈子：“生来坐不卧，死来卧不坐，一具臭骨头，何必文章做？大德们，须要知道，佛是一种智慧，这种智慧只存在于人的自性中，所以，一念清净时，你便是佛，一念污染时，佛即成魔。这与坐禅又有什么关系呢？”

又有一位叫神会的和尚问道：“这样说来，大师

南华寺大雄宝殿：南华寺位于广东韶关，始建于南北朝梁武帝天监元年（502年）；禅宗六祖慧能在此弘扬“南宗禅法”，传授佛法37年。南华寺因此又被誉为“南宗禅法”的发祥地。

您自己是否见到佛性了呢？”

慧能拿起禅杖，在那个和尚的身上连打了三下，问道：“我打你，你痛是不痛？”

“也痛也不痛。”神会和尚说。

“那就说说，什么叫也痛也不痛呢？”

“这种感觉无法说出来。”

慧能便又说：“那就让我回答你的问题吧。对于佛性，我见到了，也未见到。这就像你所说的痛也不痛一样。你痛也好，怎样的痛；不痛也好，怎样的不痛，那都是你自己的感觉，谁也体会不了。那么，还是自己认真地体会痛也不痛吧，谁也代替不了你。”

听到这里，志诚和尚真是大开了眼界，过去几十年里，他又何曾听过这样的佛法，又何曾见过这样成佛的方法。于是志诚和尚再也不肯压抑自己，他站起来说：“大师，我现在告诉你，我来自湖北当阳玉泉寺，从神秀大师处来。”

话未说完，慧能便说：“如此说来，你是一名奸细啊。”

会场里爆发出一阵大笑，慧能自己也笑了。慧能说：“欢迎你来，你有什么问题吗？”

志诚说：“我苦苦修行了几十年，一直不能开悟，刚才听大师一番解说，心下豁然开朗，觉得与自己本来具有的本性十分契合。望大师慈悲，继续给予指点。”

慧能说：“你在玉泉山，神秀大师如何教你成佛的？”

回答说：“无非是戒、定、慧三学。一切罪恶都不作，曰戒；天天打扫自己的心地，曰定；一切善事都奉行，曰慧。请问大师，这有什么错吗？”

慧能说：“神秀大师的渐悟法门不可思议，但神秀大师的这种渐悟法门适合于小根器人，而我的顿悟法门适合于大根器人。所以我与神秀大师的方法截然不同。现在，让我来向你解说我的所谓戒、定、慧。看着自己的心，自己的心地上本没有过错，曰戒；自己的心地上本没有混乱，曰定；自己的心地上本没有愚痴，曰慧。现在，你懂了吗？”

志诚说：“谢谢大师指点，我懂了。”

志诚再也不愿回到玉泉山，他就这样留在了曹溪，成了慧能的弟子。

寂灭之前

唐玄宗先天二年七月的某一天，慧能将法海、法达、法诚、神会等10位弟子召到了面前，慧能说：“我将作一趟远行，你们可为我稍作准备。”

弟子们说：“师父要去哪里，此一去多时才归？”

慧能说：“法无定法，叶落归根。”

弟子们终于明白，大师已预知时至，不久将离开人世。

听到大师就要离世的消息，弟子们都悲痛地啼哭起来，唯有神会不动声色，就像平时听从师父说法时一样正襟危坐。

慧能高兴地说：“想不到啊，我所传弟子无数，最优秀的弟子只你们10位，在你们10位中，唯独神会能够做到善与不善都一样，诋毁与赞誉一个样，可惜你们其他人都达不到这样的境界。”

弟子们都停止了啼哭，开始正襟危坐，听从师父最后的教诲。

慧能看了看他的弟子们说：“这些年来，你们跟随我修道，到底修的是什么功夫？你们听到我即将离世的消息就悲伤啼哭，是不是觉得我并不知道自己死后会去哪里？如果我连自己将去哪里都不知道，我为什么还把你们叫到这儿来？你们这样悲伤啼哭，说明你们并不知道我死后会去哪里。殊知佛性本没有生死，也没有来去。知道吗？”

说着，慧能给他的弟子们念了一首《真假动静偈》：

一切无有真，不以见于真；
若见于真者，是见尽非真。
若能自有真，离假即心真；
自心不离假，无真何处真？

慧能说：“这首《真假动静偈》，是我依据《金刚经》的意旨总结而来。你们可个个认真背诵，依此而行，只有这样，才能不失去我宗的宗旨。须知万事万法皆非是真，千万不要颠倒着来看，觉得是真，若是当作真实来看，那是知见的缘故，所以看起来像是真的。”

这时，大弟子法海走到慧能的面前说：“师父，您离开我们之后，关于衣钵的传承将如何处理？”

慧能朝所有的弟子扫了一眼后说：“佛法我已传过了，那有道的自然得到了我的道，那无心的自然得自宗通。我离世后20年时，将会有邪法出来扰乱佛教，到那时，会有人以生命为代价出面抗争，以评判我宗的是非，那人，就是我禅法的真正的继承人。”

慧能已走下法座，正待离去，忽然又像想起了什么似的，接着又回到他的法座上说：“至于衣钵，我知道你们中间有人关注着这事，但我要说，衣钵不过是师承的某种信物，并不能代替真正的传承，真正的传承只能是以心传心。试问，那心里的东西是看得见，摸得着的吗？”

一个月后的八月三日夜，慧能再次将弟子们召到面前，他环视了一遍在座的弟子，说：“你们各自坐好，我现在就将与你们告别。如果还有什么问题，现在问来，还是时候。”

法海再次问道：“师父，请问您的顿悟法门从开始传授以来，至今已是多少代了？”

慧能说：“释迦牟尼是第七代佛祖，第八祖迦叶，第九祖阿难，至达摩祖师是第三十五祖，慧可三十六，僧璨三十七，道信三十八，弘忍三十九，而到我慧能，是第四十代了。我去后，将一花五叶，代有繁

六祖慧能真身像：延和元年（712年）慧能回至新州，命门人建报恩塔。唐玄宗先天二年（713年），圆寂于新州国恩寺，世寿76，唐宪宗谥号大鉴禅师。慧能圆寂后，其真身不坏，被运回韶州（今广东韶关）曹溪，其门人裹综涂漆，保持其生前形像。

荣。”

又有弟子问道：“师父，后世如果有人迷惘，我们将如何教化他呢？”

慧能已经做好跏趺坐姿，这时他再次睁开眼来说：“须知众生皆是佛，不识众生的，皆不能成佛。自性悟，众生尽是佛，自性若迷，佛是众生。”

弟子们知道，大师就要远去了，大家皆沉浸在一种难言的悲痛之中，法堂里一片沉寂。

慧能说：“我去之后，你们不可像世俗的人们一样穿着孝衣悲痛啼哭，更不可受人吊唁或接受他人的丧金，若是那样，你们就不是我真正的弟子，也不是我佛的正法。须知识自本性，无生无灭，无住无往，才是真正的成佛的智慧。”

当夜三更，慧能端坐于禅床之上，忽然睁开眼来对门人说：“我走了！”奄然寂灭。

第三章　源远流“禅”（南岳怀让禅系）

南岳怀让
马祖道一
百丈怀海
南泉普愿
黄檗希运
临济义玄
沩山灵佑
仰山慧寂
大珠慧海
赵州从谂

源远流“禅”（南岳怀让禅系）

南岳怀让

清代线刻图：《三十四世南岳怀让禅师》。怀让，俗姓杜，六祖慧能大师的弟子。唐玄宗先天二年（713年），怀让于湖南南岳般若寺观音台宣扬慧能学说，为南岳系始祖。

唐久视元年（700年），又一个年轻的求道者来到韶州曹溪华林寺。若干年后，这名年轻的求道者成为曹溪六祖慧能的一位重要的弟子，这名不凡的弟子就是南岳怀让禅师。在中国禅宗发展史上，南岳怀让系与青原行思系成为慧能南禅体系中的两大枝干，进而延续出沩仰、临济、曹洞、法眼、云门五大宗派，一花开五叶，自此，南禅宗开始全面兴起，以至今后高僧辈出，源远流长。

怀让俗姓杜，金州安康（今陕西安康）人，据说他自幼就对佛教有着特别的兴趣，10岁开始阅读佛经，而到了15岁时，他就辞别亲人，来到荆州（湖北）当阳玉泉寺依止弘景学律并受具足戒。然而，天生不事羁绊的怀让很快就对学律感到厌倦。不久，他来到河南嵩山，随北禅宗神秀的弟子慧安学禅，仍不能满足。于是，他感叹说，自我出家以来，广学无为之法，天上人间没有比这个更好的了，但是，依然感到真理难寻啊。于是，他终于千里迢迢，南下广东，拜在了曹溪六祖慧能的门下。

就像接待其他的求道者一样，慧能问道：“你是从哪里来？”

“我从嵩山来。”怀让说。

嵩山是达摩面壁的所在，是中国禅的始源地。看着这年轻僧人自命不凡的神情，慧能便说：“你是怎么来的？你带什么来了？”

怀让说：“什么也没有带来，也无须带任何而来。”

佛法是没有任何外在形式的，人只有意识到心性本净，无着无染，才是最好的修证。慧能很欣赏怀让的回答，因为这正符合慧能的无住、无相、无可言说、无所执著的性空思想。若干年后，怀让曾与他的弟子有过一段重要的对话。有弟子问他说：“明亮的镜子可以成像，像出来后，镜子里的光到哪儿去了？”

怀让说：“在你未出家时，你的形象是在哪里，大德你出家以后，形象又去了哪里呢？”

“镜子成像后，光还在吗？”

怀让说：“虽然镜面无光了，但你却不能否认它的存在。”

怀让的意思是说，虽然佛性是没有形象的，是看不见，摸不着的，但却是真实存在的，一句话，佛性无有境界，无有形象，但它却活泼泼、光闪闪地真实地存在着。

慧能笑了笑说：“我知道了，但我仍要问你，你需要进一步修证吗？”

怀让说：“身心本来就无，更谈不上污染，还修证什么？”

慧能对这样的话更是受听，慧能说：“你说得很好，无修无证，无污无染，这才是佛法的要义所在。你如此，我如此，历来的菩萨大德都是如此。”

就这样，怀让在慧能处一住就是10多年。怀让在离开曹溪前往南岳衡山之前，慧能警告他说：“现在，你暂不必宣说我的顿悟法门，否则，必会招致生命的危险。”怀让当然能够理解慧能的这话，在神秀北禅宗的巨大影响下，慧能的南禅宗一时还未能得到官方的认可，南禅宗的佛法体系也尚未建立，宣说顿悟法门当然还不是时候。但慧能又随口说了一句偈语：“佛法向后从汝生，马驹踏杀天下人。”这就让怀让一时难以理解了，但他知道，这一定是师父鼓励他的言语，南禅宗自然会在合适的时候大弘于天下。直到很多年后，他在南岳遇到了他最倾心也是最得意的学生马祖道一后，终于明白慧能的这一神秘预言了。

在南岳的那尊大石上，怀让看到了整天坐禅的道一，于是便以磨砖成镜的荒唐行为启悟道一，于是，道一天然敏锐的心境中那成佛的种子便在刹那间开花发芽了。

师徒相承，却又必须各自建立自己的道场，这是当初慧能的意思。这样的结果正使得南宗的顿悟法门广布天下。在怀让处得到禅法的道一不久即离开了南岳，来到江西石门山另行开辟自己的道场。

就像一切喜爱忆旧的老人一样，晚年的怀让每当回忆起当初在南岳的那尊大石上与道一相遇时的情形，总会在他暮年的心境中掀起一阵情感的微澜。在一次上堂的时候，怀让像是自语，又像是问他的弟子们说：“不知道最近道一在江西是否在为人说法？”

有弟子回答他说：“是的，道一师兄一直在为僧众说法。”

怀让点了点头，又说：“可是，怎么一直就没有信来呢？”

弟子们知道怀让思念道一了，于是就派了一个弟子前往江西马祖道一那里，将怀让思念道一的情形如实向道一禀报了。道一怀着深深的情感说：“请转告大师，就说自从那年南岳的大石上苦思冥想之后，道一三十年都不缺油盐。”

弟子回到南岳，并汇报了道一的原话，怀让欣慰地说：“是这样，是这样，难得如此啊！”怀让也由此知道，他继承慧能的禅法，从此将会源源不断地流传下去了。

马祖道一

湘中大地，人杰地灵，巍巍衡山，逶迤800余里，自古即是道佛合流之地。

唐开元年间，一个年轻的僧人来到南岳衡山。这年轻僧人身长七尺，相貌奇异，据称其“牛行虎视，引舌过鼻”，不能不让人刮目相看。有熟悉他的人知道，这僧人乃汉州什邡(今四川什邡县)人氏，俗姓马，名道一。直到很多年后，这年轻人的名字被写进了中国禅宗史中，只因他单挑南岳道脉，以“即心即佛”的理论大弘南宗宗旨，在南禅宗中一枝独秀，正应了当年慧能的预言：“佛法向后从汝生，马驹踏杀天下人。”他就是被人称为“马祖”的道一禅师。

800里衡山是修道者的天堂，是出家人的处女地，这里处处是寺庵，山山有茅棚，无数的修道者一批批来了，又一批批走了，他们带着各自的心意来到这里，又离开这里，然而正如当初释迦牟尼所言，正所谓“修道如牛毛，成道如牛角”。怪不得有人叹息道：衡山是得道者的宝山，是失道者的遗憾之地。

道一来到南岳衡山后，立即选中一处向阳的山坡地，于一块巨石上结茅安禅。在很长的一段日子里，无论是晴天丽日还是刮风下雨，人们总是看到一个魁伟的身影端坐在那尊大石上。他像是一尊坚韧的雕塑，又像是一棵生根的大树。他坚韧的身影让人们相信，无论什么样的信念，总会在那种坚韧面前化为既定的现实。

道一的行为当然地引起外界的注意，然而道一当时并不知道，在这些注视的目光中，有一道目光对于他是至关重要的，那目光来自一位不凡的宗师，这宗师不是别人，就是延续了慧能的禅法，并于日后创立了禅宗沩仰、临济两大宗派的怀让，人称南岳怀让禅师。

当时的怀让住在附近的般若寺里，那巨石上年轻人坚忍不拔的身影其实早就印到大师的目光中，大师开始观察这个年轻的僧人。怀让知道，这年轻人既有不凡的形象，又有坚韧的个性，将来必是禅门法器。然而，怀让知道，坚韧的意志并不是成功的唯一条件，就像很多误入歧途的年轻人一样，他们总是以为禅是坐出来的，坐禅即可成佛。他们又哪里知道，禅是一种智慧，禅是心智的一次突然迸发，不明白这一道理的禅人，哪怕坐穿身下的顽石，他也永远不能得到真正的智慧。

怀让走近了道一。这实在是一个非凡的历史时刻，就像天上的电光石火，就在那阴阳相交的一刹那，天地间便会产生一道划破长空、照彻人类的弧光。

“年轻人，我观察你很久了，你为什么总是一动不动地坐在这里呢？”

道一抬头看了看这位前辈，说：“成佛啊。”那省却的半句话是：“你连这个也不懂吗？”

怀让不再言语。下午，怀让又来了，这一次，怀让不再与道一搭讪，他捡了块断砖，在道一的面前霍霍地磨了起来。

道一睁开眼朝这位前辈看了看，接着又闭起眼来，进入他的禅定之中。不多久，道一终于还是睁开眼来，那霍霍之声毕竟影响了他的坐禅。只见那前辈仍在卖力地磨着那截断砖，他磨得十分起劲，豆大的汗水从他的额上流下来，他来不及挥手擦去汗水，仍在认真地磨着。年轻人皱了皱眉头，接着又闭上眼睛，继续寻找

清代线刻图：《三十五世江西道一禅师》。道一（709—788年，或688—763年），汉州什邡县人，俗姓马，故称为马祖，唐代佛教禅宗祖大寂禅师，开创南岳怀让洪州宗。

被丢失的禅境。

显然，这霍霍的磨砖声干扰了年轻人的禅定，年轻人不得不从他的世界中拔出身来，他有些不悦地说："大德，你到底在干什么啊？"

怀让撩起衣襟擦了把汗，头也不抬地说："磨砖啊。"

"磨砖干什么呀？"这一次，年轻人是怀着几分好奇地说。

"我需要一面镜子，一面用来照心的镜子。"怀让说。

佛教禅画：《七祖磨砖》。摄于湖南衡阳南岳区衡山磨镜台传法院（马祖庵）。描绘了怀让禅师以磨砖来点化道一时的情形。

道一笑了起来，说："你真傻啊，自古只有磨铜为镜，哪有磨砖为镜的呢？你就是把那砖磨成碎粉，也休想求得你希望的镜子。"

怀让终于停止了手中的活计，他把那只剩下一小片的烂砖随手扔进了不远的峡谷中，并以一种漫不经心的口吻说："磨砖不能成镜，可是，你坐禅就能成佛吗？"

道一怔了怔，过了一会儿，道一突然跳起来，他疾步向前，当即在这位前辈面前跪下，说："大师，感谢您的点拨，弟子愚顿，以为坐禅即能成佛，请大师慈悲，为弟子开示知识。"

天边的落日把远处的山峰笼罩在一片霞光之中，怀让的脸上露出欣慰的笑容，他知道，他的烂砖不能磨成明镜，而眼前的年轻人一颗高贵的心却可以发出耀眼的明亮来。

随着一阵悦耳的铜铃声，一辆牛车顺着山道悠悠地走过来，那驾车的老者甩一下响鞭，顺口唱起一首古老的歌谣。于是，二人不约而同地朝那牛车行走的方向侧过头去。

怀让指着那辆牛车说："年轻人，那驾车的老者要让车前行，他手中的鞭子是打牛好呢，还是打车好。"

道一说："大师，我明白了。"

"明白什么了，说来听听。"

道一又怔了怔，显然，他还不能把刚刚悟得的道理用完整的语言表达出来，于是，怀让又说：“你成天在这儿打坐，究竟是欲坐禅呢，还是欲成佛?若说是欲坐禅，禅不拘形式，行住坐卧，处处皆禅；若说欲成佛，佛则不拘于外相。现在，你懂了吗？”

怀让的一番话，让年轻人如喝了甘露一样清凉畅快，他再次向面前的前辈伏身礼拜，说：“我懂了，我心如车，若想心定于佛，便应用心，而非用身。那么大师，请问如何用心，才合于无相三昧?”

怀让慈爱地看着这个年轻人说：“你学心地法门，如农夫下种，我说法要，如天降雨露，你的因缘凑合了，自然能够见道。”

从此，年轻的道一追随在南岳怀让的身后，整整10年时间。

据说怀让有6位弟子，都得到了他的印可。有人曾问怀让说，你的这些弟子，他们各自得到了你的什么?怀让说，一个得到我的眉，所以他威仪具足；一个得到我的眼，所以他顾盼有神；一人得到我的耳，此人善听正理；一人得到我的鼻，此人善于和气；一人得到我的舌，此人善于谈说；唯有一人得我之心，此人上通天理，下达古今。怀让又进一步说：“得吾心者，道一也。”

离开他的老师，道一来到江西，先是在佛迹岭，后又住到钟陵的开元寺，也就是从这时开始，人们称他为“马祖道一”。

来到江西的马祖道一开始宣扬他的“即心即佛”理论。他向大众说：“应该相信自己的心就是佛，心外再也没有什么佛了。一个人要做到不思善不思恶，净秽两边都不沾不靠才能见佛。人的心里会产生种种事物，但只要明白这些事物虚空，这种产生的感觉也就消失了。明白了这一点，人就可以随便做什么，穿衣吃饭，随遇而安，什么烦恼也没有了。”

有一个和尚还是不明白，于是问他说：“大师为什么总是说什么即心即佛（这个心就是佛）呢？”

对于这愚顽的和尚，道一只好回答说：“不为什么，只为防小儿哭。”

那和尚还是不明白，又问：“小儿不哭了又怎样了呢？”

“那就非心非佛好了。”道一说。从此以后，即心即佛，非心非佛就开始流传开来，成为道一以后的禅师们理论的核心。

马祖道一入室弟子达100余人，这些人后来都成为各据一方的宗主。

百丈怀海

这是八世纪时的某一个中秋之夜，江西洪州（今南昌）开元寺的僧人们刚刚吃完中秋普茶（僧人相聚以茶论禅的方式），马祖道一忽然说：“谁愿意陪我出门散步啊？”弟子们都很高兴，师父难得有这样的好兴致啊。于是，道一在怀海、西堂、普愿等几位学生的相陪下走出了山门。

仲秋的晚风带着一股凉爽的气息轻抚着师徒们的脸，一轮圆月就像是一只硕大的黄金玉盘镶嵌在远处的天幕上，这真是一个难得的仲秋之夜啊。

或许是要试探一下几位弟子的学问和志向，道一随口说道：“这样月朗星稀的夜晚，做一点什么最好呢？”

西堂说，供佛最好；怀海说，坐禅最佳；普愿则拂袖而去。于是马祖道一感慨说：经入西堂，禅归百丈，普愿则超然物外。

知学生，莫过于他们的老师了，若干年后发生的事实证明了马祖道一的预言是何等的正确。西堂成为最著名的论师，普愿隐于池州南泉山演绎出“斩猫”、“瓶中取鹅”等一幕幕活剧，而百丈怀海则为中国佛教制定了一部最为完备的寺规《百丈清规》，并以其特有的方式启悟学人，为慧能以来的南禅宗的发展作出了重要的贡献。

清代线刻图：《三十六世百丈怀海禅师》。怀海（720—814年），福州长乐人，俗姓王，唐代禅宗高僧，中国禅宗丛林清规的制定者，因居洪州百丈山（今江西奉新县），故世称“百丈禅师”。

在道一的门下，怀海应当算得上是最著名的入室弟子了。怀海俗姓王，福建长乐人，自幼出家，但却直到中年以后才投奔到马祖的门下，得法后来到江西百丈山，以至人们又称其为百丈怀海。作为道一的弟子，百丈怀海席下更是人才济济，其弟子沩山灵佑、黄檗希运等后来都成为一代宗师。

虽然如此，就像任何一个宗门巨匠一样，百丈怀海的求佛之路却并不平坦。

怀海初参马祖道一时，便被道一安排做了自己的侍者。让这位并不年轻的僧人随侍在自己的身边，应该是道一对怀海的特别关注。马祖道一是一位善于运用日常生活启悟学生的杰出禅师，怀海注意到，每次吃饭前，老师总是将盘中的面饼拈出一块来示于学人，他问："这是什么？"学人们知道这是老师对大家禅思的拷问，但没有一个学生对这一拷问给予满意的回答。怀海当然更是一头雾水。

很多年后的一个下午，被复杂的禅思弄得身心疲惫的怀海又一次得到与老师出门散步的机会。这是深秋的一个下午，空阔的长空一碧如洗，不远处的池塘里，一群野鸭正浮游于清澈的水面上，自然的生灵们在嬉戏的同时，不时相互发出愉快的叫声。

"什么声音？"马祖道一驻足聆听。

怀海并不知道，这是老师独具匠心的拷问。"野鸭的叫声。"怀海说。

或许是他们的走近，那群野鸭忽然在水面上扑喇喇起飞，很快就无踪无影了。

"声音怎么又消失了。"马祖说。

"野鸭飞走了。"

显然，马祖对这样的回答极不满意，他回过头来，在弟子的鼻子上狠狠地扭了一下，并且恶狠狠地说："让你再说飞走了！"

像是有一道电光石火的划过，在猝不及防的剧烈疼痛中，怀海那被几十年的理念弄得昏然而麻木的思维在刹那间猛醒，他终于开悟了。

回到住处，怀海以放声大哭来表达自己醒悟后的激动与欢愉。同学们当然并不知道刚才所发生的一切，他们全都惊奇地围了过来向他问道："想念父母了吗？"

怀海仍然止不住内心的激动，同学们又问："有人欺负你了吗？"

怀海只好回答说："我的鼻子被马祖大师扭得真痛啊！"

同学们说："是你与马祖大师的机缘不合吗？"

"你问马祖大师去。"

于是，同学们来到马祖道一处，把怀海痛哭不止的情况一一向老师作了汇报。马祖道一高兴地说："他终于开悟了。"

同学们回到住处，把马祖道一的话原原本本地告诉了怀海。怀海听后，突然破涕为笑。同学们说："你真是一个怪人啊，刚才哭，现在笑。"

怀海说："是的，刚才哭，现在笑，你不明白吗？"

同学们当然无法明白，怀海刚才的哭，是开悟以后的激动，现在的笑，则是得到马祖大师印可后的欣慰。一哭一笑，表达了怀海在骤然间复杂的精神世界。

开悟以后的怀海来到江西洪州的大雄山上，大雄山山高千尺，号称百丈，怀海选中了大雄山作为他的道场，并开始在这里接引学人。于是，从此以后，人们开始以"百丈怀海"来称呼他。

马祖道一是南岳怀让的弟子，怀让则是受慧能的真传，作为慧能下三代的百丈怀海当然地继承了慧能的"佛性清净"的学说，主张一切要从内心的本源上去认识佛性，反对一切外在的形式。有一次上堂说法的时候，怀海说："本性显露真实永恒，不拘泥于文字语言，心性清净没有污染，本来就已圆满完成，何须去修去证？只要离开虚妄尘缘，也就如同是佛了。"

一位弟子仍然不能理解，他问道："究竟什么是佛呢？"

怀海说："你是谁知道吗？"在怀海看来，一个

种菜的僧侣：唐以后，随着寺院经济的兴起，以及以《百丈清规》为基本规则的制度建立，很多佛寺都采取了"一日不作，一日不食"的做法，使得劳作成为了修行的一个重要部分。

人只要真正认识到了自己，也就认识佛了。要正确地认识自己，就必须不拘泥于一切现成的理论，不拘泥于外在的一切形式，让活泼泼光闪闪的本性完完全全地显露出来。可悲的是，人们总是依据于现成的规范，让自己总是生活在这种或那种人为的模式之中而难以自拔。

一天，一位小和尚哭着来找他说："我的父母死了，请师父给选个日子下葬吧。"

怀海对小和尚的要求真是哭笑不得，人死了就要下葬，何必要选个什么日子呢？今天葬与明天葬会有什么区别吗？于是他说："明天来吧，一块儿葬了。"百丈的话说得并不好听，所幸的是，小和尚很快就明白了。第二天，小和尚葬完了父母，便来向百丈礼拜。怀海知道，与小和尚父母一并下葬的，还有小和尚头脑中固有的程式和传统的观念。看着小和尚宽朗的额头，怀海露出了欣慰的笑容。

百丈怀海的时代，唐代的寺院制度发生了很大的变化，尤其是经过多次的废佛，深有远虑的禅师们知道，若想让禅院长久地生存下去，必须依托自身的经济。而农禅制度，是禅院生存和发展的最有效的手段。

百丈的晚年，仍然像其他僧人一样一边劳作，一边禅修。甚至常常以其白发高龄，扛着锄头走在别人的前面。寺僧们实在看不过了，他们不得不以藏起他的锄头的方式来阻止百丈的劳作。这一天，百丈终于在屋子里休息了一上午，但是，到了午斋的时候，百丈却怎么也不肯端起自己的饭碗。寺僧们不解地问他，师父今天不舒服吗？百丈摇了摇头。寺僧们又问，是饭菜不合您的口味吗？百丈仍是摇了摇头。在寺僧们再三的追问下，百丈终于说："今天我没有参加劳动，我没有资格吃饭。一日不作，一日不食啊。"

"一日不作，一日不食"的偈语很快流传到全国的禅院里，人们便也很快知道，禅是不离现实的。

机锋

机锋，又作禅机。机，指受教法所激发而活动的心之作用，或指契合真理之关键、机宜；锋，指活用禅机之敏锐状态。意谓师家或禅僧与他人对机或接化学人时，常以寄意深刻、无迹象可寻，乃至非逻辑性之言语来表现一己之境界或考验对方。

南泉普愿

中国禅宗自达摩发端，集大成者无疑是慧能一派。人们习惯于把曹溪慧能作为南宗顿门的开创者和思想先驱，经过几代人的努力，而至江西马祖道一和湖南

清代线刻图：《三十六世南泉普愿禅师》。普愿（748—834年），俗姓王，郑州新郑（今河南新郑县）人。9岁时投奔密县（今属河南省）大隈山大慈禅师学习禅道；30岁时，至嵩山会善寺，受具足戒，研习《四分律疏》；后投江西洪州开元寺马祖道一学习禅法。贞元十一年（795年）挂锡池阳南泉山，过着自给自足的清修生活，不离开南泉山达30年。他所建的寺院称“南泉禅院”，人称他“南泉禅师”。也因姓王而称王老师。

石头希迁这一代，才达到渐趋成熟的阶段。两位禅师在当时影响甚远，四方求法者纷至沓来，以至于形成后来人们所说的“走江湖”之说。

在马祖道一的弟子中，最让人难以忘怀，最具有个人人格魅力的无疑是南泉普愿禅师。普愿（748—834年），郑州新郑人（今河南省新郑县），俗姓王，亦称“王老师”。因其长期弘化于池阳南泉山而被人习惯称为“南泉普愿”。普愿9岁跪请父母请求出家，唐至德二年，依大隈山大慈禅师受业，后又参学于多位祖师，因而使得他的禅法“言辞锋利，无不披靡”。但最后使他得究竟之法的却是马祖道一。追根溯源，马祖道一师从于南岳怀让，怀让是曹溪慧能的高徒，是普愿的祖师。由此可见，普愿的禅法出自于名门正派，是真正的禅门贵族。

普愿一生的经历可分为三个阶段：师事江西马祖道一求法时期；池阳开辟南泉禅院时期；因陆亘所请，下山至宣城一带开坛演法时期。

普愿在师事马祖道一时，追随在道一身边的弟子有数百人。在这些人中，不乏学有成就的高徒，如首座百丈怀海，有道一亲授袈裟的西堂智藏，有被人称作禅门明珠的大珠慧海，有破解迅猛、素以“弓箭手”称雄的石巩慧藏等。后来者普愿在同学中同样具有崭露头角的表现，被道一称为“独超象外”。

这位性情刚烈的北方僧人在他最初与老师马祖道一相识的日子里，即表现出一种与众不同的精神风范。一次在给僧人分粥的时候，马祖道一随口问了一句：“那桶里是什么？”在场学人无一敢答。对于那些平庸的学人来说，道一这样的祖师和权威，哪怕是一句极普通的问话，或许都深藏着无尽的禅意和智慧，所有的学人必然要对道一的一字一言作一番认真的猜度，唯恐答出错来。而初来乍到的普愿却对着尊敬的老师呵斥道：“这老汉闭上嘴，说出这样的话来。”在普愿看来，那桶里是什么，你可以用自己的眼睛去看啊，用自己的头脑去思考啊，这也用得着去问别人吗？在场的学人或许都被普愿的这种胆大妄为吓坏了，然而，正是这种不事权威、特立独行的精神品质和呵佛骂祖的禅风，与马祖道一一以贯之的禅门风格发生了奇妙契应，这也许正是马祖道一对这位不平凡的学生产生浓厚兴趣的原因所在。而普愿在突然中对老师的这种超乎寻常的斥责，恰如一柄凌空劈下的利剑，让所有的学人在这种猝不及防的骂呵中顿然醒悟，从而明白，只有将深深隐匿于各种权威、礼仪、规范以及世俗常情等等厚重外衣下的原本活泼泼、光闪闪的心意彻底地显露出来，用自己的眼睛去发现问题，用自己的头脑去思考问题，才能获得心灵的真正解脱。

普愿的这种不事权威、特立独行的人格精神不仅表现在他对待老师的态度上，同样也表现在他对待至尊至上的佛祖的态度上。一个月明星稀的夜晚，他随老师道一以及同参西堂、百丈等人一同出门赏月，美好的夜晚激发了禅师们各自的想象。道一随口说，这样月朗风清的时分，做一点什么最好呢？西堂说，供佛最好；百丈说，坐禅最佳；唯有普愿拂袖而去，引得在场人面面相觑。于是马祖道一感慨说：“经入西堂，禅归百丈，唯普愿超然于物外。”

四川峨眉山上的石刻：“即心即佛，乃圣乃神”。民国李济深书。

超然物外，正是禅师们所追求的至高的精神境界，也是历代禅师们启悟弟子的中心所在。禅，归根到底是要在内心里改变自己，让自己从一切现有的规范和束缚中解脱出来，进而以自己的眼光去看待这世上的一切，用自己的思考去认识这世上的一切，唯有这样，才能做一个真正的思想者。但多少年来，人们却被一切现成的法则障蔽了自己的双眼，迷失了自己原本活泼而自在的本性，从而让自己变成一部随世运转、人云亦云的机器。这是世人的执著，也是世人的悲哀。

二

贞元十一年（795年），普愿离开自己的老师来到杏花江南的池阳南泉山（今安徽省贵池境内），不下南泉30余年，带领弟子过起了自给自足的农禅生活。江南的山水，给了这位已了心意的杰出禅师更多的独立思考的品性，在南泉山，普愿依然以他的南泉普愿似的强毅禅风接引学人，化导众生。

虽然是师出名门，但普愿并不把老师们的禅法当作教条。“即心即佛”即出于他的老师马祖道一，然而，普愿却反其道而言之，他只说“不是心，不是佛，不是物”。学人们也许是被这位古怪的禅师弄糊涂了，于是就有人问他：“连马祖都说即心即佛，你为什么要说不是心，不是佛，不是物呢？”普愿坚持说：“我就是要说不是心不是佛不是物，这难道有什么错吗？”谁也不能认为普愿的说法有错，《华严经》就说过“心、佛、众生（物）三差别”。世上万物，其本质是相同的，表现则各有差异。禅，只关心本质，不关心其外在表现。是和非，是相对的，又是绝对的。这件事后来传到马祖那儿，奇怪的是，马祖竟也改变了自己的说法，从此也说起“非心非佛”了。并非马祖改变了自己的观点，而是他从普愿的说法中意识到，那些愚笨的学人早已把一句“即心即佛”奉为了圣典，并不加实证地认为：心就是佛，心就是道，从而形成了一种文字和理念上的执著，非反其道而行之不能改变那些学人的执著和愚顽。

有人说，普愿的禅法是利刀，是锋芒毕露的宝剑。普愿的禅法，往往像一柄凌空劈下的利剑，在猝不及防中斩断了凡夫的执著之念，砍断了那些执著于理念的学人们精神上的种种羁绊。而普愿自己也常常以刀来譬喻自己。据说有一次外地求法的僧人前来问路，恰遇普愿在野地割草，当那问路的僧人问如何去南泉院，谁是普愿禅师时，普愿没有正面回答那位问话的僧人，而是举起了手中割草的镰刀：看到这刀子了吗，我就是啊。

禅是无法用文字来表达的，正所谓“一说便是错”。作为“王老师”，普愿一生的教诲就是要让学人们丢掉一切执著之念，用自己心意去认识事物。为了达到这一目的，普愿这把锋利的刀子不惜做出被后来的无数人褒贬不一的杀生行为，这就是有名的南泉斩猫。在那些执著于外界事物的凡夫面前，一切有形的事物都会成为障蔽心意的桎梏，乃至一草一木，一线一针。于是，就发生了东西两堂僧人争夺一只猫儿的闹剧。对于那些连一只猫儿也不肯放下的僧人来说，又何谈独具智慧和人生的解脱呢？于是，当两堂的僧人为那只可怜的猫儿争吵不休的时候，普愿毅然决然地做出了斩猫的动作。执著的对象消失了，“一切有相，皆为虚妄”（《金刚经》偈句），学人们执著外相的意识也在这刀光剑影中警醒了。在普愿看来，所损失的是一只无辜的猫，还有自己被无数人指责的杀生的罪名，但他却觉得，能让东西两堂乃至后来无数的学人从此警醒，那是比什么都合算的。普愿让人们懂得：凡事不可执著，最要紧的，还是要像恰好前来的赵州一样，将自己的鞋儿顶在头上扬长而去的超然物外的人生态度。这正如日本学者铃木大拙先生所言：禅不是教化，禅是要把一切羁绊彻底抛却（《禅者的思考》）。

在南泉普愿心目中，一切现成的规矩都是人心的羁绊，人必须冲破传统的樊篱，将无限盈然的心意展现出来，以确立自己独立不倚的精神品格。当一位僧人以拱手站立的姿态向他问候的时候，普愿鄙夷地说他“太俗气”，而那位不知所措的僧人又改为双手合掌向老师问讯时，普愿又说他“太僧气”。普愿也许的确很瞧不起这位除了俗气便是僧气的僧人，普愿一定在心里说，难道你就没有你自己的方式吗？

三

太和初年（827年），宣城（今安徽宣州市）廉使陆亘因仰慕南泉普愿独行世人的人格精神，遂与护军彭城刘济一起恭请他下山说法，师事礼拜。

据说陆亘在宣城一带多有善政，而对禅法也十分热衷。然而他毕竟是一个被无数理念灌输得有些麻木的士大夫，他所热衷的，是文字上的教条，是理念上的执著。这也是中唐以后中国禅流于形式的普遍现象。一次，当陆亘请普愿来家中做客时，陆亘指着院子里的一块大石说：

石雕佛禅定坐像：1—3世纪作品。禅定只是一种方式，一种方法，一个过程；重要的是，见心见性，方可不再执著。

"这块石头，弟子有时坐在上面，有时躺在上面，但我现在又想把它雕成佛像，老师说行吗？"普愿说："行啊。"陆亘表示怀疑，这曾被自己的身子亵渎过的石头真能雕刻成一尊纯洁的佛像吗？于是他说，恐怕不行吧？对于陆亘的执著，普愿只好说，不行不行。在普愿看来，石也好，佛也好，都不过是一种外在的形式，木佛可以烧火取暖，顽石当然也可以雕刻成佛像了，行与不行，又有什么差别呢？

陆亘对文字禅的执著还不止如此，一次他不知又从哪儿找来一只大大的书袋，他问普愿："古人瓶中养一鹅，鹅渐渐长大，出瓶不得，如今不得毁瓶，不得损鹅，师父您怎样让鹅出瓶？"日本的禅学者铃木大拙说，这实在是一个天大的难题，不毁瓶又不损鹅，恐怕那鹅永远也取不出来吧！事实上，被养于瓶中而进出不能的非是一只虚拟的肥鹅，而是被禅的理念束缚得近乎呆痴的陆亘大夫。于是，普愿再次挥舞起他那柄利剑，突然大唤："大夫！"陆亘应声而答。南泉高兴地说："出来啦！"陆亘给自己设置了一个陷阱，南泉一声呼唤，把一时陷入思想空白的陆亘从陷阱中拯救出来。据说陆亘摆脱了相对条件的束缚，他开解了。这不禁使我们想起当年四祖道信向他的老师求得解缚之法时僧璨所说的话：束缚你的，原本是你自己，而非他人，因而解脱自己的仍是自己，正所谓解铃仍需系铃人。

黄檗希运

希运是在他28岁这一年前来向百丈禅师问法的。

希运相貌异常，额头的正中胎生出一只鼓起的胞块，那胞块圆而光滑，远远看去，就像是一只镶嵌在他额头上的宝珠。

异人必有异相，异相必有异行，当时百丈在一见之下就觉得，这是一个难得的人才。

"你从哪儿来？"见到初来参学的人，百丈无一例外地都是这样一句问话。当初百丈去参马祖时，他的老师马祖也是这样问他的。

希运说："大雄山下采菌子来。"

"呵呵，听说那是很高的一座山，那山上一定有虎吧。”

希运觉得这老师很有意思，见面怎么就说起这个了，于是，他便学着虎的样子，并且咆哮了几声。百丈于是便拿起一把斧头，做出要砍虎的样子，没想到希运立即就给了百丈一个巴掌。这巴掌很响，在场的所有的僧众都听见，也都看见了。大家都为这新来的家伙如此无礼而震惊、而愤慨，然而百丈却哈哈大笑，并且对众人说：“大雄山下来了一只虎，大家要当心啊，老汉我不小心就被它咬了一口。”

希运知道，这老汉对自己很是推崇，等百丈走下法座，转身向自己的丈室走去，希运立即尾随着他进了丈室。见了希运，百丈便要关门，希运一把将门推开，大声地说：“不要把后人给绝了好吗？”

百丈看着他说：“你不就是人吗？”

希运说：“我特地前来，不要辜负我才好。”

“看来，你以后不会辜负我了。”希运果然没有辜负百丈，也没有辜负达摩以来的所有禅祖，以后的日子里，希运在江西黄檗山开辟道场，广收门徒，大弘禅宗顿悟法门，成为一代师祖，而后来创立五家七宗之一的临济宗的义玄即出自他的门下。

就这样，希运与他的老师百丈完成了一次历史性的会见，从此做了百丈的弟子。

就在希运在百丈山住下不久，百丈差希运前往江南池阳南泉山，去向南泉普愿禅师送一封信去。普愿见到希运，觉得这是一个难得的人才，便想留他在南泉山。普愿说：“王老师（普愿自称）我有一首牧牛的歌，你能和一首吗？”

希运立即就知道普愿的意思，连忙说：“对不起，我的歌留在百丈山了。”说着，便向普愿告辞。走到门口，普愿拿起希运的斗笠掂了掂，说：“身材这么大，这笠帽未免太小了吧。”

希运说：“虽然如此，但它却能装得下整个大千世界。”

普愿说：“那么我王老师呢？”

希运拍了拍斗笠，戴上斗笠出门去了。

希运在百丈处得法后，即来到黄檗山开辟道场，前来问法的人络绎不绝。这一天，有6个远道而来的僧

清代线刻图：《三十七祖黄檗希运禅师》。希运禅师，福建福州人，幼年于洪州黄檗山（今江西宜丰西北）出家，百丈怀海禅师的弟子，唐代高僧。

《心经》刻石拓本：高69厘米，宽68厘米，唐裴休书写，邵建初刻。

人前来黄檗山问法。其中的5人都在希运的面前恭恭敬敬地跪了下来，而其中一个自称为很懂禅的人突然提起坐具，在空中划了一个圆。

希运知道，此人无非是要以古怪的行为引起他的注意，便试探他说：“我听说有一只猎狗十分凶恶。”

那人说：“它是追随着山羊的声音而来的。”

“山羊没有声音。”

“那么就是追随山羊的足迹而来的。”

希运说：“山羊没有足迹。”

“那就是随着山羊的影子而来的。”

“山羊没有影子。”

那人说：“难道是只死羊吗？”

希运不再作答，等到第二天上堂说法时，希运说：“昨天跟踪山羊的那个人在吗？”

那人站了起来，希运说：“昨天的公案还没有结束，我作罢了，你怎么样啊？”

那人无语作对，希运说：“本以为你是懂禅的人，没想到却是一个死守义理的和尚。竟然连佛本无形也无影的道理也不懂。”于是，便让人将那自以为是的家伙赶出了山门。

另有一人问道：“自古以来的禅师们都说心就是佛，但不知哪个心就是佛？大师能说得更明白些吗？”

希运反问他说：“仁者你有几个心？”

在场的人都笑起来，那人也尴尬地一笑，说：“是的，我只一心，但我想知道的是，圣心自然成佛，凡心又如何呢？”

希运又反问他说：“仁者你是凡心还是圣心呢？”

那人这次似乎早有理在胸，说：“佛的三乘教法中都说到凡心和圣心，和尚您怎么说没有凡圣呢？”

“佛的三乘教法中分明说无论凡圣，都是虚妄，你怎么反而把虚妄当现实了呢？当年达摩祖师西来时早就说过，一切人全都是佛，佛即在自心，你偏偏要向外追求，真可悲啊。”

相国裴休一向仰慕希运的禅法，这一天，裴休亲自赶到江西黄檗山来向希运求法。见过面后，裴休将一尊佛像放到希运的面前，说：“这是一尊佛，却不知名为何佛，请大师给安个名字。”

希运随口叫了一声：“相国！”

裴休随声应答：“在！”

希运说：“名字已经安好了。”裴休终于明白，佛是真正的智慧，真正的智慧是圆融无碍的，当然也是无名的。

过不多久，裴相国又把自己写的一本解释佛的义理的书送给希运，请希运批阅。希运接过书，随手就扔到一边去了，弄得裴休很没面子。过了一会儿，希运问裴休说：“知道这是什么意思吗？”相国摇了摇头说：“不明白。”

希运说：“禅是不立文字的，佛法如果能用墨写在纸上，也就没有我们这些吃禅饭的老头儿了。”

希运陪裴休在黄檗山看了一轮，裴相国又问：“黄檗山上有四五百人之众，究竟有多少人领悟了你的法呢？”

希运说：“这怎么能测定呢，要知道，佛法在于心悟，怎么能用数字来测定呢？”

黄檗希运圆寂后，朝廷赐谥号为“断际”禅师。虽然希运曾经把裴休的书弃置一旁，但是，裴休还是把希运所说之法辑录成《黄檗山断际禅师传心法要》以及《黄檗断际禅师宛陵录》两本留传后人，从而使我们能领略这位禅门大师的独特的禅法要旨。

临济义玄

江西黄檗山义玄小和尚今年有20出头了，说起来，他参黄檗希运禅师也有3年了，可是，小和尚不知为什么突然吵着要离开黄檗山去外地参学，首座和尚决定前去看看。

说起来，首座和尚是有些喜欢这个小和尚的，小和尚为人老实，修学精纯专一，平时很少说话，一看就是个精于思考的人，不像有些僧人，说起来天花乱坠，

公案

公案的本义为官府中判决是非之案例。禅宗将历代高僧之言行记录下来，作为坐禅者之指示，久之亦成为一种思考之对象，或修行坐禅者之座右铭。此种言行录一如政府之正式布告，尊严不可侵犯，又可启发思想，供人研究，并作为后代依凭之法式，故称公案。

清代线刻图：《三十八世临济义玄禅师》。义玄禅师，俗姓邢，曹州南华县(今山东东明县)人，唐代高僧，佛教临济宗的创始人。

其实头脑中没几两油水。

首座决定找义玄小和尚谈谈心，能挽留他尽量挽留他。

首座找到义玄时，义玄小和尚正在寮房里收拾行李，首座说："真要离开黄檗山吗？"

义玄说："是啊，只是还不知道要去的地方。"

首座说："你来黄檗山几年了？"

"三年了。"义玄说。

首座又问："曾经向和尚参问过吗？"

"不曾，"义玄说，"不知该问些什么。"

"这就是你的错了，"首座和尚说，"你为什么不去向希运和尚参问什么是佛法的主要宗旨呢？别怕，现在就去好吗？"

受到鼓励，义玄小和尚就大着胆子去了希运和尚的住处。

"请问和尚，什么是佛法大意？"

黄檗希运禅师正在法座上打瞌睡，被小和尚突然的这一句弄醒了，很不愉快，随手就给了小和尚一个巴掌。义玄吃了巴掌，很是委屈，一张脸气鼓鼓地回来了。

首座和尚问道："怎么样，问过了吗？"

义玄说："别说了，我刚一开口，和尚就甩起一巴掌，打得我眼冒金星。我实在不领会这是和尚的什么教化。"

首座和尚笑了，说："你再去吧，佛法如金，哪有一次就能参问到的呢？"

义玄于是又去了，结果又遭到黄檗希运的一顿好打。就这样，小和尚接连问了三次，接连挨了三次的打。义玄彻底灰心了，他来到首座和尚处，向首座辞行说："您老慈悲，让我前往和尚处问法，我问了三次，结果挨了三次的打。我与和尚的缘法不对，我决定离开黄檗山了，现在是来向您老辞行。"

首座和尚安慰义玄说："如果你要离开，也要向和尚告辞才对。"

义玄是懂礼貌的，于是决定暂时不走，等向希运和尚告辞过后再走不迟。

趁着义玄还没有向希运和尚告辞的空档，首座立即来到希运和尚的住处，首座说："向您问法的义玄这小和尚将来必是佛门大器，如果他再来，你务必要给他一些指引，将来他若成为一棵佛门的大树，天下的人都会受到他的荫蔽。"

过了一会儿，果然义玄来向希运和尚辞行。希运说："你走，我也不拦你，你什么地方也不要去，要去就去高安滩头大愚禅师那里，他自然会给你讲法的。"

义玄离开黄檗山，来到大愚禅师那里。

"你从哪儿来？"像所有的禅师一样，见到第一次来问法的人，大愚禅师都是这样问道。

"从黄檗处来。"

"黄檗对你有什么特别的教化吗？"

"没有，"义玄愤愤地说，"我曾三次前去问法，结果三次都被他打出门去。不知道这是不是我的错。"

大愚说："黄檗这老儿，为了教化人，真是累死了啊。结果你还不知道究竟是谁的错。"

义玄顿时就明白了，原来黄檗希运和尚打我是大有意蕴的啊。可是，正如大愚禅师所说，为了教化人，也没有必要这样做啊，结果把自己，也把别人弄得这样累、这样惨啊。可见黄檗老儿也没有多大的能耐。

似乎是看出义玄心里的念头，大愚禅师这时突然跳下禅床来，一把揪住义玄的衣服，恶狠狠地骂道：

河北正定临济寺大雄宝殿：这是临济宗重要的寺庙。

参禅

参禅是指在修行中，修行者通过进入禅定状态，来反究内心、觅求心性，期求明心见性，获得证悟。

“你这个尿床鬼，刚才还问有错没错，现在却又说黄檗没多少能耐，你看出什么道理了吗？你说，你说呀！”

义玄被大愚揪得痛了，接连朝大愚的肋间打了三拳。大愚老和尚或许是被小和尚打痛了，连忙推开小和尚说：“你的老师是黄檗希运，这关我什么事啊！”

义玄顿时就开悟了。

义玄再次回到黄檗山，回到希运和尚的身边。义玄回到黄檗山时，正是春天的开始，似乎是为了纪念自己的开悟，义玄在院子里栽了三棵树。正在栽种的时候，黄檗希运走过来了。老和尚一看义玄在栽树，就说：“深山里栽许多树干什么？”

义玄说：“一来为山门添风景，二来也可为后人留下标识。”义玄说完，就用铁锹在地上敲了三下。

黄檗说：“虽然如此，你已经挨了我三十棒啦。”

义玄又用铁锹在地上敲了三下，并且嘴里发出“嘘嘘”之声。

黄檗说：“首座说的没错，我的禅法传到你这里，就该兴盛于世了。”

得法后的义玄来到河北的临济禅院，并以此为道场接引学人。他以喝骂来启悟学人，这就是人们所说的“德山棒，临济喝”。正如他自己所说，他的喝骂“有时候一声喝如同金刚宝剑，有时候一声喝如同蹲着的金毛狮子，有时候一声喝如同探竿影草，有时候一声喝又不当作一声喝，全看你怎么领会”。

有时候，正当对方处于思考之际，他突然的一声大喝，能让智者当即醒悟，却又让愚者不知所以。义玄正是以这样特殊的方法，创立了禅宗的一个重要的宗派“临济宗”。

临济义玄继承南宗的传统，否认佛自外求，主张一切只在自己的内心。“逢佛杀佛，逢祖杀祖”，是临济义玄的口头禅。有一次他到嵩山去看达摩的灵骨塔，塔主说：“长老是先礼佛还是先礼祖？”

义玄说：“佛也不拜，祖也不拜。”

塔主不高兴了，说：“佛、祖与长老是什么冤家吗？”

义玄拂袖而去。

除了喝，也有打。如果遇到向他问所谓“达摩西来之意”或“什么是佛法大意”时，义玄举手就打。从而让你明白，佛也罢，祖也罢，都不是你真正所要追求的一切，唯有从自己的内心去认真反省，才能得到真正的智慧。

正是这样的宗旨，临济的禅院里既不主张拜佛，也不主张读经。有一次，一位官员来到他的禅院，在参观了他的临济禅院后，官员问道：“你禅院里的僧人读经吗？”

义玄说：“不读经。”

官员又问：“学禅吗？”

“不学禅。”

官员真是大惑不解，说：“经也不看，禅也不学，那你们做些什么呢？”

义玄说：“就是要让大家都去做佛。”

有意思的是，虽然临济义玄一辈子以喝骂来启悟学人，但他却反对别人照搬他的经验。在他临终前，义玄再三地说：“我死后，希望我的禅法不要断灭。”

首座三圣和尚走到他跟前说：“我们怎敢断灭和尚的禅法呢？”

义玄问道：“如何才能不断灭我的禅法？”三圣就一声大喝。义玄气愤地说：“没想到我的禅法果然就在这头瞎驴的身上断灭了。”说完就圆寂了。

沩山灵佑

江西百丈山。百丈怀海禅师的寺庙里今天来了一位不寻常的客人，此人复姓司马，是一位当地的官员。司马的学问可谓远近闻名，他不仅熟络儒家经典，于道教更有涉猎，且又精通八卦，善察阴阳，能观风水，也算得上当地的一位高人了。

司马今天来到百丈山，是要告诉百丈禅师一个新的消息。前不久他去了一趟湖南，在朋友的陪同下，游历了当地的一座名山，名沩山。受朋友的委托，他要为沩山物色一名住山的高僧。司马向百丈禅师详细地述说了沩山的风景之胜，山林之幽，司马说，以沩山之盛，如建立道场，可容纳1500人之众。百丈禅师便逗

清代线刻图：《三十七世沩山灵佑禅师》。灵佑禅师，福州长溪人，俗姓赵，名灵佑，唐代高僧，中国佛教禅宗之沩仰宗的创始人。

他说："依你之见，老僧我可以入住此山吗？"

司马知道百丈不可能真的前往入住，便说："大师您不可以入住，因大师您是骨身，而此山为肉山，如您入住，此山最多不过容纳八九百僧众。"

"那么，你看我的弟子中谁能入住呢？"百丈说。

"大师希望谁去入住呢？"

于是，百丈让人请来了寺中的首座和尚华林善觉。

司马只是看了华林善觉一眼便说："华林善觉师于此山不宜。"

百丈又请来几位僧人，这几位都是百丈山极有修养、极有名望的僧人，然而司马一一地摇头，一律都说"此人于沩山不宜"之类的话。眼看着山上的高僧都被司马一一否定，百丈只好又让人唤来寺中的典座灵佑和尚。

灵佑是一位名不见经传的僧人，他看上去土头土脑，一点灵气也没有，多少年来，他只是在厨房里干着一些粗重的活计，谁也不曾注意他。没想到司马在一见灵佑之下，立即大加赞许说："这正是沩山之主，将来必成大气候也。"

有人说，这所谓选沩山山主的过程，是百丈与司马共同导演的一幕活剧，意在遮掩他人的耳目，也可消除众僧对灵佑的嫉妒。然而，很少有人知道百丈与灵佑曾经有过的一次正面交锋，有过一次心灵的对接。

那是某一年的冬天，年轻的灵佑在百丈的身边担任着侍者的职务。百丈禅师老了，老人总是怕冷的，清早起来，百丈就吩咐灵佑说，去看看炉子里是否有火。灵佑拿过捅条朝炉子里捅了捅，说："火已熄灭了。"

百丈似乎并不相信炉火会突然熄灭，他接过灵佑手中的捅条朝炉子里胡乱地捅了捅，接着，便从炉子里夹出一星火炭来。百丈将那一星炭火一直举到灵佑的眉间说："你说没有，你还说没有，这是什么？你说你说……"那一星炭火在空气中明明灭灭，眼看就触到灵佑的眉心了，在极度的紧张与尴尬中，灵佑那深藏于心间的智慧之火忽然熊熊地燃烧起来。看着灵佑因炉火激发出来的智慧之光，百丈开心地笑了。

司马下山后的当天晚上，百丈将灵佑叫到自己的丈室里说："我教化的因缘是在百丈山，而沩山胜境，就请你去住持吧。记住，你一定要接续我的宗嗣，广泛地教化后学，让南禅的大旗一代一代地弘传下去。"灵佑不住地点着头，他知道，入住沩山，是他此生的一大因缘，沩山灵佑的名字一定会永久地刻在禅宗史上。

一个烧火的典座竟然去住持一座统领1500僧众的沩山，这不大不小的事件在百丈山所引起的轰动不亚于一场小小的地震。首先对这件事大鸣不平的当然是首座大师华林善觉了。于是，他在一夜未眠之后于第二天清晨毅然走到百丈的面前说："凭什么让一个典座师去住持沩山，为什么我华林善觉就不够资格？"

百丈似乎早就预料到会有这一幕，他让人把正准备动身的灵佑再次请来，说："当着僧众的面，你们俩谁能出色地回答我的问题，谁就是沩山之主好吗？"

华林善觉一向以百丈山论辩第一著称，他觉得这世上没有他回答不了的问题。

百丈指着法堂上的一只净瓶说："不许称作净瓶，将它称一个名称来。"

华林善觉想，这是什么问题啊，于是说："总不

"参悟天机"：所谓"参悟"，是言在行在悟，行中方悟，悟中方行。摄于重庆沙坪坝磁器口古镇磁正街民俗文化长廊壁画。

能称作木叉吧。”

百丈便让灵佑答题，灵佑走过去，甩起一脚踢翻净瓶，然后头也不回地走出了法堂。僧众们当即都被灵佑的举动惊呆了。很多人当即在灵佑的反向性思维中激发出智慧的光芒。

百丈笑着说：“怎么样，首座把沩山输给典座了吧？”

灵佑从此做了沩山的山主。不几年，一批批人来到沩山，拜倒在灵佑的门下，沩山的僧众果然超过了1500人，灵佑也开始被人称为“沩山灵佑”。

沩山灵佑继承了南禅宗“见性成佛”和“即心即佛”的理念，并在此基础上以“不着名相”作为解脱的途径，认为事物的表相与内在之间并无实质的关联，要认识事物的本质，必须摆脱外在的表现。

以下两则公案可以看出灵佑禅法的特点。

一次他的弟子仰山问：“什么是祖师西来意？”

灵佑指着山门前的一只灯笼说：“好一只红灯笼。”

仰山又问：“难道那个就是祖师西来意吗？”

灵佑说：“你所谓‘那个’又是什么呢？”

仰山说：“好一只红灯笼。”

灵佑又说：“果然什么也没看见。”

另有一次，当寺院的院主从他的阶前经过时，灵佑突然大叫一声：“院主！”

院主应声而至，然而灵佑却说：“我唤院主，你来做什么？”

在灵佑看来，无论是大红灯笼还是院主，都不过是一种名称，一种表相，正所谓“郁郁黄山、青青翠竹”，只要细心观察，无不蕴含着无尽的智慧，灯笼原非灯笼，院主也非院主，就好像可以称灯笼为照灯，可以称院主为监院一样，名称是可以变换的，但却不能改变事物的本质。

灵佑不仅否定名相，而且也否定行为本身。有个僧人来礼拜，灵佑做出要站起来的样子，那僧人连忙说，和尚不必站起来。灵佑立即说，老僧并没有坐着。那僧人自以为领会了，便又说，我也并没有礼拜啊。然而灵佑却又说：“为什么如此无礼？”

就像灯笼非灯笼，院主亦非院主一样，坐着和站着，都不代表行为的真正意义，只不过是人为名称罢了。若要真正理解二人相见时的内心感受，所谓的礼拜又能说明什么呢？

自达摩以来，南禅宗一直主张“不立文字，见性成佛”，尽管后来的一些禅师，如南岳怀让并不一定反对读经，但是，对于一些未曾悟性的僧人来说，禅师们还是反对他们一味地读经，读死经。沩山灵佑的弟子，也是后来与其一同创立沩仰宗的仰山慧寂一次前来问法，灵佑问他：“《涅槃经》四十卷，多少是佛说，多少是魔说？”

仰山回答说：“全是魔说。”

对这样的回答，沩山灵佑是满意的，他看着这个充满灵气的弟子说：“将来谁也奈何不了你啊。”

仰山说：“我刚才不过是一时的应对，至于今后，谁又知道呢？”

灵佑赞许地说：“只要你眼目端正，至于今后是否有作为，那并不重要。”

仰山慧寂跟随着他的老师沩山灵佑学到了不少东西。有一次，有两个外地的僧人一到沩山便信口而说：“这里没有懂禅的人。”仰山慧寂很不高兴，随手就举着一根木柴问那两个僧人说：“这是什么，说得出来吗？”两个僧人知道，在沩山灵佑的山上，柴原非柴，那么，柴又是什么呢？趁着两个僧人无言以对，仰山趁机说：“以后可别说沩山没有懂禅的人了好吗？”

教训了那两个狂妄的僧人，仰山很是得意，后来他把这事告诉了老师灵佑，说：“今天那两个自以为高明的和尚被我验出破绽来了。”

原以为会得到老师的一句夸奖，没想到灵佑却说：“今天你也被我验出破绽来了。”在灵佑看来，懂禅或不懂禅，并不是一句话可以了结的，你能知道那两个僧人的话里没有别的意思吗？

仰山慧寂

慧寂14岁生日那天，根据南方人的习俗，父母决定为他择聘完婚。慧寂在百般反抗无效的情况下，只得

清代线刻图：《三十八世仰山慧寂禅师》。慧寂禅师，韶州怀化（今广东怀集）人，俗姓叶，唐代高僧。

采用斩断自己两根手指的断然措施，迫使父母妥协。之后，他参谒耽源禅师出家为僧。

耽源对这个弟子十分器重，慧寂来到他身边不久，他即将一本世代相传的《六代祖师圆相》交给了他。这是一本祖师们代代相传的禅宗祖谱，不仅记录了历代祖师的年谱和业迹，同时也完整地记录了这些祖师们习禅和接引学人的方法。让师父耽源怎么也没有想到的是，慧寂只看了一遍，就将它丢进了火炉。师父耽源被他的举动惊呆了，说：“你疯了吗，怎么把这么重要的东西丢进了火里？”

慧寂轻松地说：“不过是一个本本，要它作什么？”

师父说：“你说得轻松，传了多少代了啊！”

慧寂见师父急了，就说：“你要是还要它，我再重记一遍就是了。”说着，就凭着记忆，将那本《六代祖师圆相》重新写了下来，竟然一笔也不差。这件事被后人记了下来，是要说明两点：其一，可见慧寂有着多么超人的记忆；其二，由此可见少年慧寂对一切名相的蔑视。无相，是慧能以来南禅宗的祖师们一直推崇的心要，慧寂天生就是一个南禅宗的杰出传人，无怪乎他后来与其师父沩山灵佑共同创立了中国禅宗中的一个重要的派别“沩仰宗”了。

慧寂来参沩山灵佑时，大约是在他20岁的时候。刚一见面时，灵佑问他：“你是无主的沙弥还是有主的沙弥？”

乖巧的慧寂立即就说：“无主沙弥。”

灵佑又问他：“你的主是谁？”慧寂就从法堂的西边走到东边，然而就侍立在那里，表示自己甘愿接受沩山灵佑的教导，甘愿执弟子礼于灵佑的门下。紧接着，慧寂便向灵佑请教：“什么是真佛的住所呢？”沩山回答他说：“要想无想时的妙趣，接着再返过来思索，等到想到尽处，再回到事物的本源上来，这样，就能达到性与相的统一，事与理的不二，那也就是真佛的所在了。”仰山听罢顿时大悟。从此他在沩山灵佑的身边随侍了15年之久。

慧寂的到来，为沩山以及沩山以后创立沩仰宗奠定了人才的基础。沩山灵佑也因此而对慧寂给予时时的

教化和点拨。

那天慧寂在庭前扫地，沩山灵佑走到他跟前说："要知道地上的灰尘是不可能扫净的，就像虚空永远也不能捕捉一样。那么，什么是尘扫不净呢？"仰山什么也不说，就拿起扫帚在地上扫了一下。沩山问："怎样理解虚空不能捕捉呢？"仰山就指指自己，又指指沩山。沩山又说："尘扫不掉，虚空又不能捕捉。除这两者之外，又怎么样？"仰山又扫了一下地，然后又指指自己，再指指沩山。

禅者的思维，总是独特的，而沩山灵佑正是希望他的弟子们放弃习惯的思维模式，进入一种超常规的想象之中，从而获得在正常的情况下难以得到的智慧。这就是沩山灵佑在回答慧寂的"什么是真佛的所在"这句话时所说的："想无想时的妙趣，然后再返过来去思索。"

《入禅定的比丘像》：唐朝（9世纪后期到10世纪初期），纸本墨画，高46厘米，宽30厘米，发现于中国甘肃敦煌莫高窟第17窟，英国伦敦大英博物馆藏。此比丘结着禅定印坐着，他的身边的物品同时表示出他是行脚僧，包括一个水瓶，挂在有刺的树上的皮革包和佛珠，还有放在前面的鞋子。

有一天，沩山灵佑拿起身边的拂尘对弟子们说："谁要是能讲出道理来，这个东西就是他的了。"面对这突兀的提问，弟子们无一能够应对，唯有慧寂突然走上前来，夺过师父的拂尘掉头就走。于是，沩山灵佑的这支跟随自己多年的拂尘也就归于慧寂了。

长年的相处，师徒之间总是能达到奇妙的默契。有一次，一个僧人从很远的地方前来向沩山问法，但因为因缘不合，那个僧人很快就下山了。正好被在山坡上放牧的慧寂看见，于是就迎上去问："为什么这么快就下山了？"

那僧人垂头丧气地说："和尚问我，你叫什么，我回答说是叫归真，和尚说，归真在哪里？我不知何意，因此无法应对。"

慧寂说："你再回去，告诉和尚说，我现在能够回答了。和尚如问你归真在哪儿，你就说，在耳里，在鼻里，在眼里。"

僧人又回去了，然而当僧人把慧寂教他的话转述了一遍后，沩山灵佑立即就知道，这是慧寂的话。沩山大声地斥责那僧人说："弄虚作假的家伙，这是你能说出来的话吗，这分明是能教化五百人的高僧说的话。滚下山去！"

慧能以来的南禅宗一直认为，佛在自心，不可外求，一切众生，皆可成佛。这种观点同样表现在沩山和慧寂两代师生的身上。一次师徒俩一同去野外放牛，面对着成群的牛们，沩山问道："这些牛中间，有没有佛和菩萨呢？"

慧寂立即回答说："你觉得哪个不是佛和菩萨呢，请指给我看好吗？"

慧寂的回答，形象地阐明了禅宗的"一切众生，皆可成佛"的理论。人人皆能成佛，但凡有情生灵，同样也具有成佛的条件和种子。

慧寂在沩山灵佑的身边随侍了15年之后，便来到江西袁州（今宜春一带）仰山弘法并接引学人。慧寂继承其师沩山灵佑的"无思"的理论，强调不可执著于外在的有形世界，否则便会妄起争执，不得自在，无法达到对佛法的悟解。

这一观点表现在他与其弟子南塔光涌的一段对话里。南塔光涌参见临济后回来，慧寂问他："你来干什么？"

光涌说："参见和尚。"

慧寂问："你看见和尚了吗？和尚像个什么样？"

光涌回答得十分巧妙："和尚如果像个什么，和驴和马又有什么区别？"在光涌看来，外在的世界只是一种形象的差别，人不可执著于此。慧寂对光涌的见解十分赞赏，感叹着说："这真是一尊肉身佛啊。"

大珠慧海

马祖道一晚年的时候，有一天一个叫慧海的弟子将自己撰写的一本书稿送来请他批阅。道一终于想起来，他已经有好多年都没有见到这个弟子了。道一将那本书在手里翻了翻，立即知道这是一本标明顿悟立场的好书。书的名字叫《顿悟入道要门论》。

马祖道一拿起笔来，在那本书稿的扉页上写了四个字：大珠圆明。从此，大珠慧海的名字便在禅门中传开来。

慧海的到来，让马祖陷入往事的回忆之中。

那是很多年前的一个清晨，一个叫慧海的年轻人走进他的法堂。

“你从哪儿来？”像以往见到任何一个求道者一样，马祖照例都是这样问道。非是马祖只会这样一句问话，而是他认为，很多人都不知道自己是从哪儿来，又将向何处去。人要是弄清了自己的来处和去处，人也就开悟成佛了。

像很多求道者一样，慧海不明白马祖的问话，慧海实事求是地说：“从越州大云寺来。”

“我能不知道你从越州来吗？”马祖没好气地说，“来我这里打算做什么？”

“求取佛法。”

马祖已经很不耐烦了，说：“又是来求佛法的。我这里没有佛法可求。”

慧海跪在他的面前苦苦地哀求道：“请大师慈悲，为弟子指点迷津。”

马祖说：“自己身上的宝藏不顾，却抛家别子，到处乱求，世上就有这样的糊涂虫。”

“大师，请问哪个是慧海我自己的宝藏？”

马祖说：“如今问我的人，就是你的宝藏，何必再向外求呢？”

慧海静静地发了一阵愣，忽然，他跳起来，大声地说：“多谢师父，我明白了。”

“明白什么，快快说来。”

“原来我和佛是一样的人，佛身上有的，我同样有，一样不缺，一切具备。”

马祖点了点头，知道他真的开悟了，他真的知道人人都有佛性，人人自性即是佛了。其实，凡人与佛，是没有什么区别的，只不过佛明白自己的清净内心就是佛，凡人却四处向外求佛。于是，他收留了这个年轻的学生。

慧海在马祖的身边侍奉了6年，直到有一天，他接到越州大云寺捎来的信件，他的业师道智和尚年老体衰，急需慧海回到他的身边。这样，慧海辞别了马祖，回到越州大云寺奉养业师去了。

慧海在马祖处得到印证后，很快在越州有了名气，前来拜访并向他求法的人络绎不绝，几乎就挤破了大云寺的门坎。然而慧海总是告诉他们说：“我这里没

清代线刻图：《三十六世大珠慧海禅师》。慧海，唐代建州（今福建建阳县）人，俗姓朱，幼年于长乐西山寺（今龙泉寺）出家，受业于越州（今浙江绍兴市）大云寺道智和尚，后得马祖（即道一禅师）点化。

有什么佛法，其实每个人身上一切具备，一样不缺，只须认真自求，必然了知，自性即佛。”

这一天，又有几位僧侣结伴前来向他问法。

那几位僧侣知道慧海总是不肯告诉人们什么，于是便说：“尊敬的大师，我们从很远的地方而来，想问大师一个问题，大师肯回答吗？”

慧海说：“看到对面的那只深潭了吗？看到那碧绿的潭水中明月的影子了吗？”

可惜那几个僧侣仍不能理解，他们继续地问道：“什么是佛，能回答我们吗？”

慧海说：“那深潭的对面，不是佛又是什么呢？”

那几个僧侣朝对面的深潭望去，于是，他们中有几位便面露喜色，慧海知道，那几位已经明白了，慧海大师即是一眼明澈的深潭，是那深潭中的一轮明月，而面对明月的人们，原来个个自心即佛啊。

然而有一些冥顽不化者仍是不能理解，他们只是一味地问道：“记得大师说过心即是佛，那到底谁的心是佛呢？”

慧海反问他说：“你觉得谁不是佛呢？你现在就给我指出来好吗？”

那人看看同伴，又看看自己，似乎明白了，又似乎什么也不明白。

慧海继续说：“省悟了遍地都是佛，人人都是佛，不省悟则说明你与道法无缘，也就永远不能见证佛道了。”

人人即佛，人人自性即佛，只要回到自己的本性上来，就会发现，佛原来就在自己的心里，这是自慧能以来的大师们一直强调的观点。然而很多人不能明白这些道理，他们总是向外寻求，这是人们的悲剧所在。

一位弟子前来问他：“师父，你现在已是一个人人尽知的大师了，你还用功不用功？”

慧海说：“每天都在用功。”

“师父究竟怎样用功呢？”在这名弟子看来，他们的师父慧海既不看经，也不念佛，师父到底是怎样用功呢？

慧海说：“你要我教你吗？”

弟子十分高兴，说：“那太好了，师父现在就可以教我吗？”

慧海调整了一下身子，坐正了说：“好，你现在听好，我为你念一首偈子，所有的功夫尽在偈中。”于是，慧海就为弟子念了这首偈子：“吾今教尔修道法，即在吃饭穿衣间，一言说破无别事，饥来吃食困来眠。”

大失所望的弟子睁大了眼睛看着慧海，说：“就这些吗？”

“这些还不够吗？有些人修了一辈子，也没有把这四句话修好。”

弟子说：“这世上一切人都和你一样啊！”

“是的，这世上一切人都一样吃饭穿衣，但一切人又都不同。”

“怎样的不同呢？”

慧海意味深长地说：“有些人该吃饭时不吃饭，该睡觉时不睡觉，但却千方百计，四处探求什么成佛之道，这就是修道者与不修道者的区别所在。”

赵州从谂

三月的江南，空气中处处弥漫着一股醉人的花香。江南的雨迷离而缠绵，江南的山，江南的水，都似乎笼罩在一种轻纱般的雨雾之中。

生于北方的从谂是第一次踏上江南的山水，他被江南这迷人的景色深深地陶醉了，想着那个叫普愿的禅师竟然就住在这迷人的地方放牛、耕田、读经、悟禅，这老头可真会选地方啊。

远处传来牛歌之声，浑厚而野朴，接着，从对面的田埂上走来一个老者，老者穿着蓑衣，戴着斗笠，手牵着水牛，一步一步向这边走来。从谂在北方也听过牛歌，但那牛歌多半是孩童所唱，想不到在这江南竟然听到老者的牛歌，可也算得上一桩稀奇。

从谂平空里觉得，老者正是他要寻找的普愿，人称南泉普愿禅师。于是，从谂迎上前去，待走到老者的面前，当即就在那田梗上跪了下来，说：“对面莫不是普愿禅师吗？”

清代线刻图：《三十七世赵州从谂禅师》。从谂禅师（778—879年），曹州（今山东菏泽）郝乡人，俗姓郝，南泉普愿禅师的弟子，唐代高僧。

普愿和牛都站住了，普愿说："从哪里来？"普愿记得，当年他拜见他的老师马祖道一时，道一也是这样问他。

"自河北瑞像院来。"

"好啊，"普愿用唱歌般的声音说，"看到什么瑞像了吗？"

"瑞像不曾见过，眼前倒是见到一尊真佛。"

南泉打量着这个小沙弥说："乖巧儿子，却不一定是真佛子。"

"是不是真佛子，外相上也看不出。"

普愿接着问道："拜过师吗？"

"从来不曾见师，也就无从拜师。"

"今日如何？"

"阳春三月，拜见老和尚。"于是，普愿把牛绳交到从谂的手中，一老一少，再加上牛，一同走进了南泉禅院。西边的落日把三者的影子映在如镜般的水田里。

从谂在南泉山住了很久了，但普愿从来就不曾给他讲过一次法，从谂似乎有些不耐烦，有一天，他终于问道："究竟什么是道啊？为什么你从来也不给我说。"

"我每天都在和你说。"

"每天都在平平常中过。"

普愿说，"平常心就是道。"

从谂似乎意识到什么，说："那么，我是否就以此为自己的行持方向呢？"

普愿说："如果有什么行持方向的话，那就错了。"

从谂不解地问："对于一个修道人来说，没有明确的行持方向，又怎么谈得上修道呢？"

普愿说："道本无道，要让自己的心境像虚空一般，道也就是道了。"

从谂在南泉山一住就是40余年，他成了普愿最倾心的入室弟子。

那一次南泉寺的两堂僧人为争夺一只猫而发生了争执。普愿听说后，就一手握刀，一手捉猫，说："说出来，就放了这猫，说不出，就杀了它。"两堂的僧人谁也不知该说什么，于是，那可怜的猫就被普愿杀了。而在这刀光剑影中，很多僧人立即就警醒了。这时正好从谂从外地回来，听说这事，从谂立即脱下鞋子顶在头上走出去了。普愿说，要是从谂在这儿，那猫就有救了。

普愿圆寂时，从谂也是一个五六十岁的老人了。他谢绝了僧众推举他做南泉山主的盛情，毅然走出了南泉山，四方参学去了。

从谂来到天台山国清寺，见到了闻名于世的寒山和拾得。

“老僧慕名二位很久了，原来不过是两头水牯牛。”

寒山和拾得闻言，立即就模仿斗牛的举止动作。

从谂则做出“唏！唏！”追赶的样子。接着寒山、拾得还做出咬牙瞪眼对峙等动作，从谂很快回到堂内。

寒山、拾得二人也跟着进来问道：“刚才的因缘怎么样？”从谂听罢哈哈放声大笑。年老，再加上禅，三位禅师完全回归到孩童的阶段。愉快的嬉戏，让他们变得年轻了。

直到80岁那一年，从谂结束了他长年的飘泊，来到一处地方，从谂觉得，这地方是他最后的驿站，他决定住下来。这地方就是河北省的赵州观音院。赵州以著

河北赵县柏林禅寺万佛楼内的佛像：晚唐时的从谂禅师在此寺驻锡40年，大行法化，使柏林禅寺成为中国禅宗史上影响深远的一座祖庭，至今仍香火旺盛。柏林禅寺万佛楼内的佛像，巍峨庄严。

名的赵州桥而闻名于世，现在，从谂来了，从谂以他特有的禅法化导人，于是，人们便称他为赵州从谂。

有一天，一个尼姑前来拜访，尼姑问道："达摩祖师西来的密意究竟是什么？"

赵州在尼姑的身上掐了一下，尼姑很不高兴，绯红着脸说："想不到你还有这个在。"

赵州本以坦荡之心告诉她说，达摩西来的密意，只有得到他密意的人才会知道，就像你被掐了就有痛感一样，你怎么可以想歪了呢？

"是你有这个在啊。"赵州说。

偏偏总是有人要问同一个问题，这回赵州不再掐人了，当人再次问到"什么是祖师西来意"时，赵州索性回答说："庭前柏树子。"

赵州教化人的方法往往就是这样平常而奇特，他用平常的语言平常的动作以平常的物件回答学人的问题，然而不解的人却往往以为他太过奇特。

一位被长期的苦思冥想弄得有些神魂颠倒的僧人问："我一直不知道自己是谁。"

赵州问他："吃粥了么？"

"吃过了。"

"那么洗钵子去吧！"

过了一会儿，那僧人又来了，赵州又问："洗过钵了吗？"

"洗过了。"

四川成都大慈寺的禅茶堂：从谂禅师有一句禅语为"吃茶去"。这三个字不仅仅表达了最高的禅悟，而且也直接体现了禅宗与茶之间的密切关系。

“刷桶子去吧。”

生活是实实在在的，人也应该在实实在在的劳作中来认识自我。赵州就是这样阐释当初马祖道一的“平常心是道”的。

此中道理又体现在他的“吃茶去”的著名公案之中。

一个新来的僧人前来问法，赵州问他：“来过此地吗？”回答说来过。赵州说：“吃茶去吧。”又来了一个僧人，赵州还是这样问他。这一次的回答是“第一次来”。赵州又说：“吃茶去吧。”寺院的院主看不懂了，院主问道：“为什么曾来过的让他吃茶去，新来的也让他吃茶去呢？”

赵州大唤一声：“院主！”

院主应声而答。赵州说：“吃茶去！”赵州认为，吃茶本身是一件大有意蕴的行为，禅与茶，原本一味，不管是新来的还是后到的，抑或是懵懂的院主，凡不明事理者，都可在吃茶中体会现实的人生。那么，统统吃茶去吧。

有一天，两位不可一世的王公带着儿子来到赵州观音院。赵州见了，只是在法座上欠了欠身子，说：“老僧近日身体微恙，恕不下座。”王公并不因此而怪罪于他，反而对他恭敬有加。第二天，王公府的一名下人来到观音院，赵州见了，远远地就下座礼拜。院主奇怪地问道：“昨日见到王公为何高高在上，今日见到下人却下座礼拜？”

赵州说：“上上之人用下下之礼，下下之人用上上之礼。”

有人问他：“和尚您圆寂后大概不会下地狱了吧？”

赵州说：“老僧我第一个下地狱。”

来人奇怪了，说：“像您这样的高僧，还会下地狱吗？”

赵州说：“如果我不下地狱，又如何将你在地狱里度出来呢？”

赵州的晚年，性格更加平和，一次一个外地人来到赵州，见面就说：“久闻赵州之名，来了后才知道，不过是座小木桥。”

赵州说：“你只看到此赵州，却没有看到彼赵州。”

“那么，什么是真正的赵州呢？”是啊，真正的赵州和尚又是怎样的呢？

“渡驴渡马。”赵州说，我愿做一座赵州石桥，一辈子渡驴渡马，让千万生灵从我的身体上踏过去，踏上智慧的彼岸。这就是赵州，赵州从谂和尚。

第四章　源远流“禅”（青原行思禅系）

青原行思
石头希迁
天皇道悟
雪峰义存
玄沙师备
法眼文益
云门文偃
雪窦重显
药山惟俨
洞山良价
曹山本寂
丹霞天然
德山宣鉴

源远流“禅”（青原行思禅系）

清代线刻图：《三十四祖青原行思禅师》。行思（671—740年），吉州庐陵（今江西吉安）人，俗姓刘。幼年出家，就六祖慧能学法，与南岳怀让并称二大弟子，同嗣六祖之法，后住吉州青原山净居寺，故号青原行思，唐代高僧。

青原行思

江西吉安东南20里的青原山，海拔316米，山中峰峦迭嶂，佳景棋布，古木成荫，苍翠欲滴。古有诗曰：

到处青山到处家，旋敲石火煮新茶。
老僧携我前溪去，共看悬崖剪雪花。
乘兴浑忘老步难，还过虎穴看飞湍。
岭头一道银光落，散着空山六月寒。

置身于大自然的美景之中，于青灯黄卷之中聆听梵音，再在僧人的相伴之下敲石火，煮新茶，在禅茶一味中尽情地感悟人之本原的超然和落拓，这实在是一种难得的人生佳境。

走进青原山，沿着曲径通幽的小径，在叮叮咚咚的泉水声中，顺着一条小涧继续前行，不一刻便来到一座山口，于是，一座石雕牌坊矗立于道。牌坊上“祖关”二字苍劲有力，此乃唐代书圣颜真卿之手笔。祖关之后，便是名闻天下的禅宗道场净居寺了。净居寺始建于唐神龙元年(705年)，因背靠安隐岭，初名安隐寺。玄宗开元二年（714年），行思和尚从曹溪来到这里，扩建庙宇，开拓道场，门徒云集，禅风大振。从此之后，青原山始名闻天下。宋崇宁四年（1105年）徽宗赐额，改安隐寺为净居寺。

净居寺雕梁画栋，气势雄伟。寺门横额“青原山”三字，则出自南宋爱国名将文天祥之手。走进净居寺，便也走进了一幅苍然的历史画卷。大雄宝殿两边的墙壁上镶嵌着北宋文人黄庭坚的诗文刻碑；斋堂的墙上，镶嵌着南宋宰相李纲的诗文碑刻。更有唐代诗人杜甫、北宋诗人苏东坡、南宋大臣周必大等人的墨宝、诗篇，从而为一座净居寺增添了无限的人文色彩。

青原山净居寺为什么会吸引得这么多文人墨客留连忘返，这还得从它在中国禅宗史上的地位说起。中国禅宗自六祖慧能以后一花五叶，而青原山净居寺正是禅宗曹洞、云门、法眼三家的重要发祥地。而三宗的开创人，即是青原行思禅师。

行思（671—740年），又称靖居，俗姓刘，吉州庐陵（今江西吉安）人，少时出家，后赴广东曹溪见六祖慧能大师。受到六祖的器重，居于首席。得法后回归于故乡青原山，并在此开辟道场，广收徒众，很快便声名远播，故又被称为青原行思。

此有即彼有，此生故彼生。佛教认为，凡世间一切事物，无生也无死，无善也无恶，只有让心的本源回归到空无的境界，不起分别心，才能达到大圆镜止的目的，才能不落入圣凡、尊卑等相对的观念之中，从而开启心灵的空间，达到智慧的目的。多少年来，这一问题一直是禅者致力参究的生死大事，行思自然也不例外。就像其他一切有着独特禅思的僧人一样，当走进韶州曹溪时，行思也许正是带着一种急迫的心情而来，因此行思便单刀直入地问慧能说："请问大师，怎样做才能不落入次序、等级之中？"

善于开启弟子智慧空间的慧能并没有立即回答行思的寻问，他反问行思说："你曾经做过什么？"

听着大师这样的问话，年轻的行思愣了一下，他似乎立即意识到了什么，于是说："啊，我什么也没有做，甚至连佛家的所谓四圣谛、八正道和十二因缘也不曾有过。"

慧能又问："既然如此，你又因何而落入次序、等级之中呢？"

行思说："我当然不是说我，我连释迦牟尼的东西也没有，哪里还有什么次序等级呢？"

青原真是一个聪明绝顶的人啊，也许他正是带着种种羁绊种种思索走进韶州曹溪的，而当慧能反问他为此都做了些什么，并以此启发他进行自省时，行思立即有所顿悟，于是，在这样的一问一答中，像是突然之间的电光石火，行思的禅思在刹那间活泼的灵动之中得到了从未有过的升华，于是，他开悟了。

当年以一句《金刚经》中的偈句"应无所住而生其心"而顿时开悟的慧能毕生所主张的，正是这种电光石火的顿悟法门。看着这位寻上门来的年轻求道者，慧能的眉宇间露出一丝不易觉察的笑容。于是，他收下了这名弟子。虽然当时慧能的门下人才济济，但他还是果

断地让这位新来的年轻人做了首座。

行思得到慧能亲传后的某一天，慧能忽然将行思叫到面前说："以前都是衣钵和法同时流传，各代祖师递相授受。其实，衣钵不过是传法的信物，心法却是两心的相印。你既是我合适的传人，又何必在意那衣钵信物？我从弘忍大师处受衣钵以来，几十年里不知遭受多少磨难，何况后代，衣钵相争必然更激烈。依我所想，衣钵还是留镇山门吧，你应该分立门庭，去教化一方，别让我顿悟法门断绝才好。"行思听后，当即回到他的家乡吉州青原山，并以此作为道场，大弘慧能的禅法。

有一次，一位弟子前来向行思求教，弟子说："师父，我跟随你这么多年，到底什么是佛法大义呢？"

行思终于明白，这位愚顿的弟子为什么经过许多年的苦行苦修，至今仍没有开启智慧的原因了，原来整天盘踞在他脑子里的全都是先贤们所解说的理论和经验。行思在内心里叹息说，可怜的弟子，为什么你就不能从自己的内心去思索究竟什么才是智慧的佛性呢？为什么你总是拿别人的经验作为本本，并以此作为自己行为的纲领呢？所谓的佛法大义难道会有一个共同的文本吗？殊知那是每个人体悟的结果啊。

六祖慧能入定像：入定时要求的心静如止水之境界，是修行者发现本心的重要步骤；日常中要求处处留心留意，是修行者觉悟的重要一环。

行思反问他说："你知道庐陵的米现在是什么价吗？"

这愚顿的弟子似乎立即意识到，这一阵以来，他一直在寻思着佛法大义，而把这些本该他关心的日常事务生生地忘却了。原来佛法大义是无法用语言来表达的，它就体现在这些日常的生活小事上，人只有在柴米油盐这样的小事上细细体味生活的真谛，才能达到真正的智慧。

荷泽神会禅师原是北禅宗神秀的弟子，后来他来到韶州曹溪慧能的门下。在跟随慧能多年之后，慧能决定让这位中年闻法而终得智慧的禅师去拜会青原行思。于是，神会来到了青原山。刚一见面，行思便问他："大德从何处而来？"

神会说："曹溪而来。"

行思又问："你在慧能大师处带什么来了？"

自以为明白的神会用抖动全身来回答行思的问题，那不言之言是说："本来无一物啊！我能带什么来呢？"

神会自以为这样的回答够高妙的了，不想行思却盯着神会的身子反唇相讥说："原来你还是夹杂着一些瓦砾碎片来了啊。"

神会也终于明白，虽然他来自慧能的身旁，但他还是带着一个实在的身体来了，这又怎么叫"本来无一物"呢？从此以后，神会开始虚心地向行思求教。

唐开元二十六年（738年）行思圆寂，归真之塔赞称："圣谛不为，落何阶级？火里莲花，雪中红日。显发大机，掀翻古辙。千古绳规，三宗（曹洞、云门、法眼）鼻祖。"充分肯定了青原在中国禅宗史上"三宗鼻祖"的重要地位。

据说曹洞宗的另一位重要的立宗者希迁（700—790年）在师父慧能即将迁化前曾问慧能说，师父若是离世，我去哪儿求学？慧能回答他说："行思去！"直到很多年后，当希迁在青原山拜见青原行思，并从行思处得到禅法后，希迁才明白当初慧能回答他的意思。

今天，当社会正处在急速变化的时期，当人们的价值观念发生了极大的变化，以至人们普遍处在高度的精神压力下的时候，我们似乎更应该重温一句慧能当初回答希迁的话："行思去！"

石头希迁

唐先天元年（712年）九月，六祖慧能告诉他的弟子们说："我要出一趟远门。"弟子们问他要去哪里，慧能说："叶落归根。"弟子们知道，76岁的大师将不久于人世。

也就在这一年，一位年仅14岁的孩子来到曹溪慧能的处所，请求出家。慧能一见之下，立即就喜欢上这个孩子了。他拉着这孩子的手对他的弟子们说："这孩子如果能成为我的弟子，将来必是佛门的大器，将来昭隆我正法的，也必将是这孩子。"

这14岁的孩子就是日后曹洞宗重要的立宗人希

清代线刻图：《三十五世石头希迁禅师》。希迁（700—790年），俗姓陈，端州高要（今广东省高要县）人，又称无际大师，唐代禅僧。

迁，又称石头希迁。

希迁（700—790年），俗姓陈，广东高要人。《景德传灯录》记载了希迁少时的一件趣事。据说他七八岁的时候，有一次母亲带他到寺庙中。那是少年希迁第一次接触佛教。然而这孩子却怎么也不肯向菩萨跪拜。希迁说："为什么要向他跪拜，他不就是和我一样的人吗？"听了这童稚之语，希迁的母亲吓坏了，然而希迁的父亲却高兴地说，这孩子是佛菩萨降世，不能埋没了他，让他到寺里做和尚去吧。

希迁应该是慧能门下最后一个弟子，然而他却并不是一个幸运的弟子。就在他拜见慧能的第二年，慧能就圆寂了。临寂前，少年希迁急迫地问道："大师，你圆寂后，我该怎么办呀？"慧能看了看这个孩子，回答他说："行思去！"

慧能圆寂后，希迁像是失去怙恃的孩子，整天不发一言地行思着，以至饭不吃，茶不饮。看着这个孩子一天天衰弱下去，寺里的首座和尚说："希迁，你在想师父吗？"

希迁说："我不是在想师父，我在行思。"

"行思什么呀？"

"我也不知道，"希迁说，"但这是师父生前告诉我的话。"

首座开启他说："你错了，师父并不是让你坐在这里苦苦行思，而是让你前往江西青原山投奔你的师兄青原行思去。"

怀着疑疑惑惑的心情，希迁来到江西吉安青原山，走到他师兄行思的丈室。

"你从哪儿来呀？"青原行思这样问他的这位从未谋面的师弟。

"曹溪。"

"你在曹溪得到了什么？"

希迁觉得，自性本来圆满，本来也就不缺什么，于是就说："我未到曹溪之前，也不曾失去什么。"

"那你为什么要去曹溪呢？"

"不到曹溪，又怎么知道没有失去什么呢？"

希迁的回答令青原行思十分满意，于是，他收下了这位师弟。然而从此以后，二人之间的关系发生了改变，师兄弟变成了师徒，希迁就这样跟在行思的身后倾心问法。

不久，希迁正式受具足戒，成为一名真正的出家僧人。有一次，行思像是有意，又像是无意地问希迁说："你现在已经受戒了，你还要不要听律呢？"

希迁说："律是什么，为什么要听律？"

"还念戒吗？"

"也不用念戒。"

行思知道，这个弟子还很年轻，在他的头脑中，执著是不可避免的。善于教化人的行思决定让希迁去南岳去见他尊敬的怀让大师。

行思说："你把这信送到南岳怀让大师处，送去就回来，我有一样好东西要给你。"

南岳怀让是慧能门下与青原行思齐名的另一位大师，是慧能禅下沩仰、临济二宗的创门人。当时来到南岳欲拜见怀让请求解脱的人几乎挤破了门坎，希迁好不容易才见到怀让，于是，他信还未来得及掏出来，就冲着怀让说："不看重圣贤，也不看重自己，你觉得这时候会是怎样的？"

听着这个孩子气喘吁吁没头没脑的问话，怀让也觉得这孩子实在是年轻了，他决定要调侃他一下，说："你是谁，你不觉得这问题显得有些太高深了吗？你还是问些稍浅的问题好吗？如此执著，将来你会成为最没有慧根的人。"

希迁没好气地说："我是谁并不重要，但我宁可永劫沉沦，也不去跟着佛菩萨求什么解脱。"

二人的第一次见面不欢而散，第二天，希迁就返回了江西。行思问希迁："你怎么这么快就回来了，信有没有送到？"

希迁这才想起行思让他送的信件至今仍揣在袋里。然而希迁说："送什么信！你让我去时答应给我的东西，我现在就要。"

行思并没有责怪这个好思而有个性的弟子，行思说："虽然你没有给我带来怀让的回信，但有人给带来了曹溪的消息。"

希迁觉得，一切都是自己的，管他别人什么消息呢，于是就说："管他什么消息不消息。我这里没有什么消息。”

行思说：“按照你的说法，大乘小乘的经论又是从何而来？”

希迁指了指自己的心说：“一切只从这儿出。”

行思摇了摇头，用脚在地上顿了顿。希迁见了，知道自己还很年轻，还需要脚踏实地地认真修学，于是向着行思倒地便拜。行思见希迁明白了，顿时十分高兴。

在青原山追随行思几年之后，希迁又“上下罗浮，往来三峡间”，使自己增长了许多见闻。天宝初年（742年），希迁来到南岳衡山的南台寺东边的一块大石头上结茅安禅，不久写下《草庵歌》，抒发恬淡自如的超然境界，主张各种思想各种宗派之间的圆润回互，从此人们都称他为石头和尚。

南岳自古为佛道合流之一，在希迁到达南岳的时候，这里还有慧能的弟子南岳怀让、坚固和北宗普寂的弟子明瓒。在这个禅师云集的所在，希迁不与任何人见面，独自在那尊大石上长时间的思维着。渐渐的，人们都知道有一个石头和尚名希迁，前来寻访他的人也越来越多。然而，希迁仍然不与任何人见面，即令是见面了，也只是三两句便将人打发了。

有一天，江西马祖道一座下的郑隐峰禅师来向马祖辞行，马祖问他：“你要去哪里？”

郑答道：“我想到石头和尚那里去。”

马祖道一告诫他说：“小心啊，石头路滑。”

郑隐峰不以为然，他说：“竿木随身，逢场作戏。”

郑隐峰来到南岳，在南台寺前的大石上见到了希迁。郑隐峰绕着那尊大石接连转了三圈，接着又将禅杖在大石上狠狠地震了一下。

希迁抬头看了看他，接着又进入自己的禅境之中。

郑隐峰说：“佛法的宗要是什么？”

希迁打了一个呵欠，对着天

“曹溪”匾额：摄于广东韶关南华寺。“曹溪”一脉，禅宗兴盛。

空叫着："苍天，苍天！"

郑隐峰不知所然，只得没趣地回到了马祖道一那里。得知他在希迁那里吃了闭门羹后，马祖哈哈大笑，说："你下次再去，等到他一开口，你就嘘嘘两声，看他如何应对。"

于是，郑隐峰再次来到南岳，再次问道："佛法的要旨是什么？"

然而希迁却连着嘘嘘两声。郑隐峰再次没了主意。看着郑隐峰狼狈归来，马祖再次哈哈大笑说："我不是早跟你说过吗，石头路滑嘛。"

在完成了《参同契》的写作，同时也完成了他在石头上的禅思之后，希迁在南岳大开法席，前来问道的人络绎不绝。

有一位叫道悟的和尚问希迁："曹溪大法到底谁得到了。"

希迁说："谁懂佛法谁得。"

"和尚您得到了吗？"希迁说没有。道悟不解："你的名声这么大，难道名实不符吗？你怎么可能没得到呢？你就不要对我们保密了。"

希迁说："我根本不懂佛法。"希迁的意思是说，我为什么要懂什么佛法呢，自性即佛嘛。

在所有的问话中，"怎么才能解脱"是人们问得最多的一句话，然而希迁一律都说："没有人绑你呀。"而当人问"怎么样才是涅槃的境界时"，希迁则说："究竟谁给你生死了？"

希迁的时代，是北宗从极盛走向衰微，南宗开始向全国主流禅派发展的时代，而在此过程中，江西马祖道一、湖南石头希迁的禅派起了十分重要的作用。

贞元六年（790年），石头希迁圆寂。

天皇道悟

道悟的性格中有一种倔犟的因素，这从他出家一事可以看出。

那时候，道悟14岁，忽然就萌发了出家的意愿。他是父母唯一的儿子，想想看，谁的父母会同意自己仅有的儿子去出家做和尚呢？父母知道儿子的脾气，生怕他偷偷溜出了家门，于是便日夜地派人看守着他。道悟说：“用不着看守我，我真要走，你们看守得再严也是没有用的。”父母觉得有道理，便不再派人看守他。但是，让父母意想不到的是，道悟开始了他的绝食计划。他什么也不吃，什么也不喝，只是默默地坐在自己的房里，就像是一个木雕的人物。饿了三天三夜，父母害怕了，只得同意了他出家的意愿。

道悟高兴地辞别了父母，来到杭州的一座寺庙里完成了剃度仪式。为了磨练自己的意志，他常常独自在深夜坐在荒郊野外，甚至鬼坟地里，一坐就是好多天。人家说，这小和尚有病，要不然怎么会独自坐在野坟地里呢？然而很少会有人知道，在那个荒郊野外的鬼坟地里，少年道悟与自然、与自己做着怎样坚决的斗争。

道悟或许觉得这样做还不够过瘾，过了几年，他甚至又跑到大梅山的一处绝岩之下静坐观心。在这里，他完全成了一个自然的人，饿了，摘一把深山里的野果，渴了，掬一捧山涧里的泉水，过着一种不食人间烟火的生活。有时候，他从涧水中看到自己长发披肩、面容狰狞的形象，自己也认不出自己了。

终于有一天，一个进山采药的人在偶然之间发现了他。当时的情形有些戏剧性，当那个药农突然之间看见他时，还以为自己碰到了传说中的野人，胆大的药农小心地走近他，终于知道，这不是一个野人，而是一个坚定的修道者。

这件事很快就被山外的人知道了。当时正是唐代安史之乱不久，纷乱的人心特别向往佛教的安宁回归，于是，一批批的人走进山来，以一睹这样的高僧为荣。这并不是道悟原本的目的，深山清修的环境破坏了，同时，长年的独处，也并没有使他得到多少悟解，道悟只得走出山来，他决定前往江西洪州，去向一代禅德马祖道一和尚求法。这时已是唐建中初年（780年左右）。

道悟在道一处住了两年，马祖大师的“即心即佛”、“非心非佛”、“平常心是道”的理论使道悟得到了很大的启发，他终于明白，一个人通过独处一处的静修方式并不能真正得到圆满的智慧，殊知佛即在自心，一年365天，日常用中，处处是禅。

马祖大师通常不允许弟子在身边逗留过长的时

间，道悟在马祖大师身边住了两年之后，马祖大师便打发他去南岳去参以圆融回互而闻达于禅界的石头希迁禅师。

道悟知道石头希迁当初就是以禅坐于大石上而得其名的，于是，道悟一到南岳，立即就坐在希迁当年坐过的那具大石上。

希迁问他："你为什么总是坐在这儿？"

道悟回答说："求得定慧。"

希迁说："定慧了又怎么样？"

道悟不解了，说："难道可以离开定慧吗？"

希迁说："我这里又没有奴婢，离个什么？"

道悟问道："难道真正的佛法不是这样得到的吗？"

希迁说："虚空你能得到吗？"说着，希迁用手在空中抓了一把，然后再摊开手，以示什么也没有抓到。

道悟不明白希迁的话，他从大石上爬起来，说："我们缘法不合，我走了。"

希迁在他的身后大声地说："我真的不知道你原来是从那边来的。"

道悟不服这口气，回过头说："你胡说，我不是从那边来的。"

希迁笑着说："其实，你来的第一天我就知道你是从那边来的。"

道悟真的生气了，说："你怎么栽赃人？"

"我怎么栽赃你了，"希迁指着道悟的鼻子说，"你人证就在这里，还能抵赖吗？"

道悟知道希迁把他看透了，便向希迁走来，说："就算是这样吧，那难道没有更好的启示后人的方法吗？"

"你说谁是后人？你说，你说。"希迁说着，一把抓住了他。道悟终于醒悟了。原来过去的他一直就是带着一种执著，带着一种有形的躯壳来修道的，怪不得他总是难以启悟呢。现在，这些躯壳总算被希迁剥得干干净净，他终于知道，一个人如果带着一丝丝有形和有相来修道，都是不能成功的。道悟看着眼前这个被人称为"石头路滑"的80多岁的老人，深深地礼拜下去。

清代线刻图：《三十六世天皇道悟禅师》。道悟（748—807年），婺州（属浙江省）东阳人，俗姓张，唐代禅僧。

道悟得到石头希迁的禅法后，来到湖北当阳紫陵山开辟道场，很快就接引了很多的学人。直到有一天，一场天火，将荆州天皇寺焚得片瓦不存，人们忽然想到了道悟，觉得如果有道悟这样的高僧来住持，就决不会再出什么问题了。于是，在一天夜里，人们强行将道悟抬到了天皇寺，从此，道悟就被人们称为“天皇道悟”了。

《冬月参禅图》：清朝“院画十二月令图”之一。“院画十二月令图”共12张，是描绘宫廷12个月生活的图画。此画中描绘农历十一月宫廷的人们拜佛参禅的场景。不论是宫廷中的达官贵人，还是日常人家的平头百姓，多在佛前参禅、打坐、拜佛，却不知，禅宗之要义，在日常生活之中。

在天皇寺，道悟接引的第一个学生是一个城里卖饼的青年。那是一个有道心而且善良的青年。青年每天都到天皇寺来，每天都送道悟10个面饼。然而令青年奇怪的是，每次他送饼来，道悟禅师总是要还他一饼。青年纳闷了，他问道：“禅师，你这样做有什么特别的意蕴吗？”

道悟说：“没有什么特别意蕴，我送你一饼，是为了让你子孙都能得到福报。”

“可是，这是我的饼啊。”青年说。

“你已经送给我了啊，难道不是吗？”

青年觉得道悟说得也有道理，便也习惯了每天这样的饼来饼往。不久，青年终于深有所悟，于是，他放弃了卖饼生涯，来到了天皇寺，跟随道悟做了一名小沙弥。这个小沙弥就是日后的崇信禅师，是天皇道悟最倾心的学生。

然而让崇信大感失望的是，他跟随道悟几年了，道悟一直没有给他说过任何法，甚至也很少与他说话。终于有一天，年轻人憋不住了，说：“师父，我跟你几年了，你说你给我讲过一个字的法吗？你说你到底还是不是我的师父？”

道悟诧异地看着这个可爱的弟子，说：“怎么说出这样的话来，我不是每天都在给你说法吗？”

“你给我说什么法了，你说，你到底给我说过什么法了？”崇信大声地叫着。

道悟说："你看，你这孩子真是冤枉死我了啊，你每天端茶给我，我接了，你送饭给我，我吃了，这还不够吗？"

崇信低头思索着师父的话，然而道悟说："要悟当下就能悟，思索是没有用的。你这个蠢货。"崇信忽然就悟了。

"我悟了，师父，"崇信高兴地说，"可是，我怎样保住这个悟呢？"

"用不着保，任由逍遥，随缘波旷，但尽凡心，别无圣解。"

雪峰义存

义存年轻时在洞山良价的门下做着一名扫地抹桌子的小和尚，心中有着说不出的委屈。然而他自是明白，正如儒家的孟子所说：天将降大任于斯人也，必先苦其心志，劳其筋骨，饿其体肤，空乏其身，行拂乱其所为，所以动心忍性，曾益其所不能。

义存初参洞山时，洞山良价问义存从何处而来，义存说："从天台山来。"

天台山是当年智者大师的所在地，于是洞山良价又问："见到智者大师了吗？"

这实在是一个不好回答的问题，若说没见到，那你去天台山做什么呢？若说见到了，天台智者大师早已是作古的人物，你又如何见到呢？于是，聪明的义存便回答说："义存我自有吃铁棒的份。"义存的意思是说，我是见与未见，看你如何处理我。

应该说，洞山良价对义存小和尚的这一回答还是很满意的，但是，接下来就不那么顺利了。有一天，义存上堂向洞山问安，洞山说："进门来应该有言语才对，问过什么安？"

义存说："我无语可说。"

洞山指责他说："无语就把嘴放到一边去，还我眼来。"义存更不知所对了。

洞山认为，你不是无语，而是无眼。无眼，即无性，你自性不明，又怎么能回答呢？

这一次碰钉子后，义存还总是想在洞山的面前露

清代线刻图：《三十九世雪峰义存禅师》。义存（822—908年），泉州南安人，唐代禅僧。

一脸，有一次，他在厨房搬柴，恰好洞山来了，于是，义存故意遗落一根木柴于地。洞山看在眼里，便说："这根柴有多重？"

义存说："尽大地人也提不起。"这是义存事先设计好了的禅语，此处他套用了慧能在大庾岭遇到追讨衣钵的人，慧能将衣钵放在地上，那追赶的人却怎么也提不起衣钵来的典故。没想到洞山一下子就识透了小和尚的心机，洞山当即责问道："既然如此，你怎么到了这里？"义存又是无以言对，再次败下阵来。

义存与洞山如此不契，他离开洞山只是早晚的事。

那一次是洞山良价在山上举行法会，山上的人实在是太多，烧火做饭的角色就必须另外地增加人，于是，便又摊到了义存的头上。义存嘴里不说什么，心里却觉得老大的不满。不满归不满，他仍是不说，只是默默地做着。

偏偏这时洞山来到了厨房，他看到小和尚义存正在淘米，便有心启悟他的禅机。老和尚走到义存的面前说："淘沙去米呢，还是淘米去沙？"

义存正在火头上，便没好气地说："沙和米一并淘去。"

洞山知道小和尚有股情绪，便故意逗他说："要是那样，大众师父们吃什么？"

义存索性将米箩翻了过来，这样一来，米也好，沙也罢，就统统都淘到水里去了。

洞山并没有责怪他，按照他的作风，他对小和尚这种反传统的作法是欣赏的，但是，他知道义存小和尚的火候未到，现在点拨他还不是时候，于是便说："按照你的机缘，应该是在德山宣鉴那里。你去那里吧。"

就这样，年轻的僧人义存来到湖南澧阳，来到以棒喝为禅教的德山宣鉴的门下。然而一去几年，德山宣鉴似乎并没有注意到这个年轻而气盛的小和尚。

那一天，义存与岩头一同去澧阳的一个叫鳌山的小镇上打油。回去的路上，正好遇上了百年未遇的一场大雪，大雪封住了进山的路，二人只得在一个小旅店里暂歇，等待天晴雪消后再度上山。然而这大雪一下就是几天，不要说是进山，就是出门，也很难了。

义存当然一直就是很用功的，不得志归不得志，功还是不可废的。于是，利用这难得的雨雪天气，义存就整天地坐禅。而那个叫岩头的僧人却整天就是睡觉，除了睡觉还是睡觉。

义存看不过去，就总要将岩头叫醒，说："起来，起来，整天就是睡，你是被瞌睡虫包住了还是怎么的？"

岩头总是被义存搅醒，十分恼火，说："整天就是坐，就像七家村里的土地菩萨。日后定会去装着大师，去迷惑人家的男女呢。"

义存见岩头真生气了，便用手指着自己的胸口向他解释说："实话告诉你吧，出家十几年了，我这里一直不得安稳呢。"

岩头说："我还以为你日后要在孤峰岩头筑一座草庵，宏扬大教呢，原来是为了这个。既然是这样，现在就请把你的见解说出来，让我来为你印证印证吧。"

义存虽然不相信岩头能够为他印证，但在这大雪天里，有个人说说话也是好的，便把过去的一切就像竹桶倒豆子一样悉数倒了出来。

"当初我在盐官禅师那里，正逢他老人家上堂说法，举说《心经》中色即是空，空即是色的道理，我当时就领会了入门的途径。"

岩头便故作神秘地说："呵呵，30年之内千万不要向人说起此事。"

义存又说："后来我到洞山良价和尚那里，看到和尚的《过水偈》，意思是叫人切不可向外寻求，别人的事与自己相距甚远，他如今正是我，我如今不是他。当下也就明白了。"

岩头又打断他说："如果是这样，你还是有悟性的。救自己也还来得及。"

义存接着又说："后来我到了德山长老这里，我问德山长老：'从前宗门里的事学生能够知道吗？'，德山就打了我一棒，不等我醒悟什么，长老又喝道：'说什么疯话？'吃长老这一棒一喝，我当时就像桶底脱落一下洞明。"

岩头又打断他说："嘿，你没有听说过吗，从门外进来的，都不是自己的珍宝？"

清代线刻图：《三十九世岩头全奯禅师》。全奯，泉州（今福建泉州）人，俗姓柯，唐代高僧。

义存听到岩头的这一句，好像明白了一些什么，他接着又问："那么，今后我该怎么办呢？"

岩头便说："要想真正明白此中的道理，必须要从自己的胸中流出来，懂吗？"

义存一听，顿时就彻底领悟了。他实在没有想到，过去参问过许多大德，一直觉得自己是一个门外汉，大雪里的一席话，却被一个岩头和尚一下子说明白了。于是，义存翻身下床，倒地便拜，说："师兄，今日才是鳌山成道啊！"

咸通年中（860—873年），义存来到福建象骨山创雪山禅院，接纳四方学子。云门宗的创始人云门文偃就出自他的门下。而法眼宗的创始人法眼文益则是他的三传弟子。

清代线刻图：《四十世玄沙师备禅师》。师备（835—908年），福州闽县人，俗姓谢，唐末五代禅僧。

玄沙师备

午后的阳光火一样炙烤着南台大地，一条小船顺着村前的小河，缓缓向下游驶去。

这是进入夏季以来，谢师备第一次走出家门。父亲看到他将船推下水，以为他又将去钓鱼，父亲朝他叫着说，钓到鱼可别再放掉了啊，吃不掉可以喂猫。

谢师备自从7岁那年跟父亲第一次下河，从此就迷上了垂钓。谢师备家境不错，父母一心指望他好好读书，将来在科举中有所成就。但是，儿子自从迷上垂钓之后，再无心读书。谢师备说，读书又有什么用呢，做官又有什么用呢，将来还不是都要死掉吗？

父母奇怪儿子会有这种奇怪的逻辑，但儿子不爱读书，父母也不再勉强于他，对他迷恋垂钓，慢慢地也就听之任之了。然而近两年来，谢师备的性格越来越怪，先是将父母为他定好的婚期一推再推，后来慢慢地对钓鱼也失去了兴趣。一有空，他总是和南台寺里的僧人打成一片，俨然就是一名在家的僧侣。有人就说，谢家的独生子要出家做和尚了。这话传到父母的耳里，父母亲急了。父母生养很迟，直到快40岁时才有了谢师备这样一个儿子。他们还指望在自己的有生之年抱上一个大胖孙子，他们从来没有想过儿子将来会是一个出家的僧侣。父亲怕儿子真的有一天会走进寺里再也不肯出来，于是，70岁的老父亲再次带着儿子出门钓鱼。父亲希望儿子能从垂钓中重新找回儿时的欢乐。然而父亲发现，每当一天的垂钓结束，谢师备都会将那些钓到的鱼再次放回水里。终于，谢师备彻底放弃了迷恋了20多年的垂钓之乐，重新捡起书本来。有一天，父亲发现，儿子所看的书竟然全是佛经。这一次，父亲认命了。

谢师备终于又推着船儿下水了，父亲以为，儿子的兴趣又转移到垂钓上来了，但愿儿子会从垂钓中重新寻找到新的快乐。

然而父亲又怎么会想到，谢师备这一出家门，就再也没有回来。直到10年之后，在佛教界已开始闻名遐迩的师备禅师应闽主王审知的迎请，再次回到家乡福州，住持于古刹玄沙院。闽主因仰慕师备的禅风，施舍万金，将古老的玄沙院大肆扩建，终成规模，从此，人们便称他为“玄沙师备”了。前来玄沙问法的人络绎不绝，寻求解脱的人把玄沙院的门坎都给踏破了。师备的门下有700余僧众，他被唐昭宗敕号“宗一大师”。

玄沙师备最初是得法于石头希迁的弟子雪峰义存。二人的第一次见面，就充满了戏剧色彩。当时雪峰义存已是一位70岁的老人，正拄着禅杖在庭外散步。师备便开口说：“你的禅杖真是好啊，能送一根于我吗？”

义存随手就将禅杖扔给了师备，说：“我有三根拄杖，这一根就送给你吧。”

没想师备却又把那根禅杖还给了义存，说：“人人只有一根柱杖，你为什么会有三根呢？”

义存说：“三根有三根的用处。”

师备说：“你说得也有道理，但我却不这样认为。”

雪峰义存说：“是吗，你怎么认为呢？”

“三是三，一是一。”

雪峰义存内心里涌出一种喜悦，顿时有一种棋逢对手般的冲动。于是他说：“三是三，一是一；三不是一，一也不是三。是三是一，是一是三。这种事啊，好比是一片肥沃的田地，一任众人耕种，大家无不依此为生。是一是三，是三是一。”

师备没有被雪峰这绕口令似的禅语迷惑，他抓住雪峰中关于田地的论述，说：“怎么又说到了田地呢？”

雪峰用手在虚空中划了一圈，说：“看到了吗？这就是那片任由耕种的好田地。”

师备抬头朝天空看去，在几片如絮般的白云的衬托下，那无垠的天空湛蓝澄澈，一行大雁排成人字打头顶飞过，丢下一阵空旷的叫声。佛性如天空般明净而澄澈，在这明净而澄澈的佛性中，又何来一，又何来三，又何来有，又何来无呢？一切都是多余的啊。

师备说：“天空的譬喻多么好啊，可我仍然不这样说。”

雪峰说：“那么，你怎么说呢？”

“既没有三，也没有一；可以有三，也可以有一，不过那都是各人自己的事。正应了一句俗话：各人生死各人了，各人吃饭各人饱。”

“说得好啊，”雪峰义存知道对方已理解了佛性的根本，于是又把话题重新拉到开头的禅杖上来，“既然这样，你为什么还要向别人要禅杖呢？你为什么不用自己的东西呢？”

话说到此，二人的对佛性的见解已趋于统一，那就是说，佛性人人自有，不必向外驰求。

玄沙师备说：“达摩不来东土，慧可不往西天。该来的就来，该去的就去，用一根禅杖助他即可，何必用三根呢，别把人家给累死了啊。”

从此，师备皈于雪峰的门下。然而，他们既是师徒，又是道友。他们相互尊重，又互相争论。

有一次，一个叫神楚的僧人来问雪峰：“我的一

《孤篷芦岸·僧倚钓车》：《八高僧图卷》之八，绢本，设色，纵26.6厘米×横66.2厘米，南宋梁楷绘，中国上海博物馆藏。画中描绘师备禅师独自泛舟南台江上，斜倚船舷远眺彼岸，舟中有垂钓工具。

个道友死了，请问他去了哪里呢？”

雪峰回答说：“如冰归水。”然而雪峰对这样的回答似乎并不自信，于是，他把这件事告诉了已做了他弟子的玄沙师备。果然，师备说：“你回答得很不错，然而我不这样认为。”

雪峰问：“你怎么认为呢？”

“如水归水。”玄沙师备说。冰，毕竟是有形的，而水则是无形的，就像生命一样，生命的本质是有形的，又是无形的。有形的是生命的躯壳，无形的是生命的内核和层次。

师备有一次派僧人给他的老师雪峰送一封信去。雪峰打开信时，却只见到三张空白的信纸。雪峰觉得这是向他的弟子们应机说法的好时机，便将那封空白的信展示给他的弟子们，并问道：“你们领会玄沙师备的意思吗？”

僧人们齐声回答说：“不领会。”

雪峰说：“大家没听说过这样的话吗？君子远隔千里，彼此风格相同。”

或许玄沙师备自幼与水打交道惯了，他的说法，总是离不开水。

有一次，当一个僧人问他“什么是佛法大意”时，师备就说了如下的话：

“你们各位一再地向我问到佛法大意，可悲啊。你们这些人啊，好像是置身于大河之中，河水已经没入你们的头顶，可你们还要伸出手去向别人讨水喝。河边讨水，尚可理解，可你们是身在水中知道吗？”

是啊，我们的身体是一片智慧的大海，可我们为什么总不肯正确地认识自己呢?

玄沙禅师下一结语道：“达摩不来东土，二祖不往西天，当来的则来，当去的则去，用一支拄杖子助他，莫用三支拄杖子累他！”

禅宗说的拄杖子，应该是人人本具的清净本性，不可说有，也不可说无；不可说一，岂能说三？你无，我夺却你的，你有，我就给你；禅师与禅师之间，只是一来一去，一去一来，何必分别二三呢?

清代线刻图：《四十二世法眼文益禅师》。文益（885—958年），余杭（今浙江余杭）人，俗姓鲁，五代禅僧。

法眼文益

一个7岁的孩子站在浙江新定（今严州）智通院的法堂里，与一群老和尚进行认真的对话。这个孩子就是后来在中国禅宗史上法眼宗的开宗人法眼文益禅师。

这是唐昭宗大顺元年（890年），一大早，智通院的知客师就向寺院的住持金伟老和尚报告说，来了一个小不点儿，说是要来出家。知客师强调说，不像是一个胡闹的小孩子。

于是，金伟长老就来到了法堂，见到了这个7岁的孩子。

"孩子，你姓什么？"老人亲切地说。

"姓鲁。"孩子耸了耸肩，故做出一派老练。

"你是哪儿人呢？"

"余杭。"孩子又说。

"今年几岁了？"

"7岁。"

一切都回答得清清爽爽，金伟老和尚知道，这果然不像是一个前来胡闹的孩子，而且这个孩子明确地告诉老和尚说："我要出家，请为我剃度吧。"

对于一个只有7岁的孩子的要求，金伟老和尚当然不能随便就答应了，于是，金伟长老继续地与孩子进行着对话，例如父母、家世、亲戚等等。

孩子明显不耐烦了，他打断了老人的问话，说："过去的事就让它过去吧，何必再问，徒生烦恼呢。你到底答应不答应收我为徒，让我出家呢？"

这实在是一个不好拒绝，也不能拒绝的孩子，就这样，一个未来的大德在他7岁的那一年走进了佛门，成为一名小小沙弥。师父给他取法名：文益。

又过了一些年，文益长到20岁的年纪，师父便让他出门参学，以增进更多的知识。文益与他的三名同学一起第一次走出故乡浙江，向北方广袤的大地上走去。那是一个严寒的季节，文益与他的同学一直走到关中的一座号曰地藏的寺庙里。天色已晚，下着大雪，四人决定就在此寺中挂单歇息。

大雪阻住了几位青年学子出行的计划，直到第二天上午，雪仍在下着，寺外到处一片银装素裹的世界。

不能出门，几个人便围在寺里的一只火炉旁，一场并非刻意的“围炉恳谈”便开始了。大家围绕着“三界惟心，万法唯识”的话题展开了热烈的讨论。正是踌躇满志的年龄，又是一个佛教的黄金时期，每一个人的谈话都是飘逸的，而且充满奇幻的色彩。谁也没有注意到，寺里的老和尚桂琛坐在他的丈室里一直在注意地听着这几个年轻人的谈话。这时候，老和尚走了过来，走到熊熊的火炉旁。几个年轻人连忙给老和尚让座。老和尚慈爱地看着这些年轻的后生说：“各位上座是要到哪里去呢？”

年轻人回答说，只是行脚，没有确定的地方。长老点了点头说：“没有确定的地方才好，刚才听几位上座说到‘三界惟心，万法唯识’的话题，老衲也很有兴趣，那么，这山河大地，究竟是与我们自己同还是异呢？”

几个年轻人一时就怔在那里，无一能够言对。只有文益不假思索地说：“当然是同了。”

听到他的回答，老和尚立即竖起自己左手的两根指头，默默地看着文益。

看到老和尚的神情，文益又说：“应该是异吧。”

老和尚见说，又竖起右手的两根指头，依然是一言不发。

场面显得有些尴尬，然而这时天终于放晴，同学们说：“天晴了，我们行脚去吧。”

四个年轻人提出行李，热情的老和尚一直把他们送出山门。这时，太阳出来了，寺外的山野在大雪的作用下银光闪烁。尤其是山门对面的一块巨大的山石，由于雪已成冰，那阳光在山石上放射出一道耀眼的光芒，那石也如同一座晶莹剔透的宝玉。几个年轻人又对着这块大石大发起感慨。老和尚忽然说：“刚才的谈话似乎还没有结束，所谓三界惟心，万法唯识，那么，这块石，是在仁者的心内还是心外呢？”

几个同学又被老和尚奇怪的问题弄得尴尬万状，唯有文益回答说：“当然是在心内了。”文益的回答也许不错，三界惟心，山河大地，哪一样不是由自己的内心而感觉而存在的呢？然而老和尚却忽然叹息说：“好好的一个人，何必要把一块大石头放在心里呢？”

文益听到这里，心头猛然一震，他忽然觉得，这是一个不简单的老和尚。师父说得不错啊，法无处不在，一切都是现成，又何必四处寻找呢？于是，文益当即宣布：“我不走了，我要留在这地藏寺里向老和尚求法。”

这正是桂琛老和尚的意旨，他在几个年轻人一走进山门之际，就开始留意文益了，于是，老和尚便以自己的智慧，留住了这个年轻人，也留住了一个未来的大德。

所以史书上就说，法眼文益最终是在地藏桂琛老和尚处得到了开悟。老和尚打开了文益深藏在心间的智慧的大门。从此以后，文益开始成熟，以至后来他成为法眼宗的创始人。

法眼文益的毕生成就除了写作了针砭佛门时弊的《十规论》，更在于他接引学人，开启学人智慧大门的方法。用现在的话来说，文益是一位优秀的教育家。他的教育方法被人认为是“法眼家风，对症施药，垂机迅利，扫除情解……”

他的门下有一个十分傲慢的家伙，名叫玄则，自以为已经开悟，因此就把一切都不放在眼里。有一次，文益突然将他叫到法堂，说：“玄则，为什么不入法堂？”玄则虽然进来了，却说：“当年我在青林禅师处已经‘入处’了，哪还等到今天？”

文益说：“能把你在青林禅师处悟道的经过方便

江苏南京清凉古寺：清凉寺是法眼宗的祖庭，法眼宗也正是从这里开始传到了国外。

一说吗？”

玄则就说，那一次他去向青林老和尚求法，他问道：“佛，如何求得？”青林老和尚回答说：“丙丁童子来求火。”

“好极了，”文益说，“那么你说说看，你是如何看待青林老禅师的这句话的呢？”

“那还不好理解，按照中国五行说，丙丁属火，以火求火，老禅师的意思是说，佛而去求佛，不正是印证了我已取得正果，我已成佛了吗？”

“差矣，差矣，”文益说，“正所谓毫厘有差，天地悬隔。”

佛在自身，无须去求，以佛求佛，不就等于自己去求自己吗？然而这傲慢的家伙理解错了，仍得意地认为自己早已成功了呢。但文益并不把这其中的道理说出来，他觉得玄则迟早会理解的，别人说出来和自己理解了，是完全不同的两码事。

听了文益的结论，玄则当即十分恼火，说：“法眼老朽，是你老昏了，青林禅师就是认为我已开悟了，已成佛了，你还有什么话说？”说完，玄则气呼呼地走了。文益知道，他还会来的，等他再来，他也就悟了。

玄则想了一夜，是有所悟，是有所不悟，第二天一早，玄则就来到文益的法堂，他希望能听到文益最后的结论。

“佛，如何求得？”玄则说起，已没有了昨天的傲慢。

文益说：“丙丁童子来求火。”

只这一句，玄则立刻就悟了。

法眼宗

法眼宗是禅宗“五家”之一，属南宗青原法系。创始人为五代文益禅师（885—958年）。文益逝世后，南唐中主李璟曾赐谥号“大法眼禅师”，故此宗称为“法眼宗”。法眼宗门风讲求“明事不二，贵在圆融”与“不着他求，尽由心造”，往往随顺学人根器，量体裁衣，对病施药；并注重学习古教，主张引华严法门融入禅宗，后来又以禅来融摄净土法门，开后世禅净合一之风。法眼宗为中国佛教从教禅竞弘转入诸宗融合的一个重要转折点。在禅宗五家中，该宗创立最晚，衰微也较早，宋代中叶，法脉断绝，上下传承共100年左右。

云门文偃

文偃第一次来到睦州，正是这一年的中秋节。晚灯闪烁，人流如鲫，街面上一片繁华，迷离的灯光下，游人一群群聚集在临河的街道上赏灯观月。这情形与当初大诗人杜牧在睦州所写的诗中情形很是相像：“秋半吴天霁，清凝万里光，水声侵笑语，岚翠扑衣裳。”

然而这一切繁华似乎都不属于一个以清修为操守的僧人，此时的文偃一步也不停留地向睦州的郊外走

清代线刻图：《四十世云门文偃禅师》。文偃（864—949年），俗姓张，世居苏州嘉兴，云门宗之祖，五代禅僧。

去。他是在三天前得到关于睦州道明和尚的一些情况的。这位参黄檗希运而得法的禅师有着常人难以理解的行为，据说其得法后突然离开寺院，在一处街角摆起了补鞋的摊子，因其俗姓陈，以至人称陈蒲鞋。然而文偃凭空觉得，不管是陈蒲鞋也好，睦州道明也罢，他之此生，必将与这位行为古怪的禅师有着千丝万缕的联系。于是，他决定前来睦州，去开元寺参问这位非同寻常的禅师。

文偃到达开元寺的时候，寺里止息的板子刚刚敲响，门头僧正待关闭山门，文偃就马不停蹄地赶到了。他来不及安置好单位，就直奔睦州道明和尚的丈室而去。

丈室的门紧闭着，文偃轻轻地敲了三下，从里面传来睦州的咳嗽声，接着，文偃就听到踢踢沓沓的脚步声。门终于启开一条缝，从门缝里探出一个光光的脑袋，一个瘦小的老和尚从门里盯着他看了一会儿说："你要干什么？"

文偃知道，眼前见到的老和尚正是他向往已久的睦州道明了，他的心里止不住的一阵激动，便伏地而拜，说："师父，弟子文偃自己的事至今不能明了，特地前来请和尚指教。"伏在地上的文偃似乎并没有听到任何响动，他抬起头来，见那门已经紧紧地闭上了。文偃不肯罢休，爬起来继续敲门，一直敲了很久，那门终于又开了一条缝，睦州道明没好气地说："你要干什么？我这里没有什么可以给你。"

文偃于是又把先前的话复述了一遍。然而没等他把话说完，那门又重重地关上了。文偃知道，时候的确是不早了，老和尚是到了休息的时候了。他沮丧地向挂单的寮房走去，然而没等走出几步，文偃又转回身来。他觉得今天必须要得到老和尚的教化，否则，这一晚是无法入睡的。文偃自幼受到儒家的教育，他记得孔子说过：朝闻道，夕死可矣。他出家已有10多年了，然而一直没有得开启悟，现在，名师就在眼前，岂可放过请教的机会？睡觉又算得了什么，得道才是大事，比生死还大的大事啊。于是，文偃复又回转身来，继续敲着道明和尚的房门。

终于那门又启开了一条缝，这一次，文偃不等那门关上，立即就抽身挤了进去。然而正当他一脚门里，一脚门外的时候，老和尚一把抓住了他的衣襟，用嘶哑的嗓门叫喊着：“说呀，说呀！”情急之下，文偃不知该说些什么，正当文偃思索之际，老和尚突然说：“秦时的钻头早已锈了！”说着，老和尚将门死劲地一推，那沉重的大门正好挤压在文偃的脚上，随着一阵钻心的疼痛，文偃的大脑一片空白，紧接着，他只觉得天地日月，都迥然地不同了，那长期植根于思想深处的种种理念在突然间便烟消云散，于是，向往睦州道明的信息趁虚而入，刹那间就爆发出智慧的火花，此时的文偃觉得自己比过去任何时候都清醒，都灵光，文偃开悟了。

文偃顾不得脚部的疼痛，兴奋得难以自禁地高叫着，我明白了，终于明白了啊！文偃说时，泪水像断了线的珠子扑扑地落下来。道明于是将他让进屋里，说：“早不来，迟不来，偏偏现在来。”

兴奋的文偃说：“若是早来，就不是时候了。”文偃在睦州道明处住了5年左右，便决定继续他的行脚生涯。在以后的几年里，他分别参问了当时一些有名的禅师老和尚，其中即有受法于石头希迁的雪峰义存。后人认为，文偃的禅风有“涵盖截流”的特点，这与他参问众多不同风格的禅师有着直接的关系。

文偃直到晚年，才在广东乳源的云门山内开辟道场，接引学人，人称云门文偃。

云门文偃上堂说法，以“云门一字关”为要。如有僧人问：“如何是禅？”云门文偃回答说：“是。”又问：“如何是道？”回答说：“得。”又问：“父母不让我出家，如何得出家门？”回答说：“浅。”僧人被他弄糊涂了，说：“弟子不懂。”他又说：“深。”在这样干脆利落的回答中，逼得学人不得不另辟蹊径，别开生面地进行反思，据说很多学人就是在云门文偃的这种一字关的逼问下得到了悟解。

雪窦重显

出了庐山，重显的足迹终于踏上了杏花江南的池州大地。人都说江南像一个婀娜多姿的女子，尤其是在阳春二三月里，阳光明媚，桃红柳绿，空气中格外放送

云门宗

云门宗，简称云宗，禅宗“五家”之一，属南宗青原法系。创始人为晚唐五代的文偃禅师（864—949年），因其住广东韶关云门山，故称作“云门宗”。该宗以“云门三句”（函盖乾坤、截断众流、随波逐流）、“一字禅”等施设接引学人，孤危耸峻，简洁明快，无尽锋芒，随机拈示，常出人意料，无从理解。云门宗在五代、北宋十分兴盛，至南宋逐渐衰微。然其法脉仍能延续至今。

出一种芳香的气息，让人迷醉，让人沉昏。就是做了3年僧人的重显，也不能不被江南这妩媚而多情的风光迷醉了。

重显前往江南池州，原是为寻找当年马祖道一的弟子南泉普愿的遗迹的。南泉的个性中有一种特别的魅力吸引着重显。后来重显总结说，南泉有一种诗人般的刚烈和决绝，无论是“斩猫”，还是“取鹅”，南泉普愿都表现出一种强烈和果敢，无怪乎人们总结说，南泉普愿的禅风敏锐，犹如快刀斩麻，一点儿余丝也没有。从这一点上来说，重显觉得自己与这位先人有着更多的共通之处。

应当说，重显在宗法上属于云门派，因为他是从云门下二世智门光祚处而得法的。他还记得三个月前向光祚问法时的情形，当时他问光祚：“为什么古人说，心中纵然一念不起，依然会有过错？”这个问题重显已经想了很长时间了，是啊，既然一念不起，错又何来呢？智门光祚向他招招手，让他走近些。他以为师父要密授要旨，便愉快地向师父靠拢而来，没想到智门光祚拿起拂尘，突然朝他的头上狠狠敲了三下，他待要再说什么，师父接着又是三下。师父下手太重，以至当时他差一点就痛得失去了知觉。也幸亏师父这几记重敲啊，就像他的重祖云门文偃一样，文偃是从睦州和尚处得法的，当时文偃去向睦州问法，却被睦州推出了门外，那猛然关上的大门压断了文偃的脚，文偃从剧烈的疼痛中

广东韶关云门寺牌坊：云门寺是云门宗的祖庭。

突然警醒，从此觉悟。相同的事件，相同的感觉，连结果也是相同的，当智门光祚的拂尘在他的头上狠狠地敲了三下之后，重显的理智突然像晴空一般澄澈透明，他终于醒悟了。于是，他决定离开复州（今湖北天门），出门参学。

南泉山已然没有了普愿的禅院，在那座荒芜的山丘上，除了一些断壁残垣，再也看不到当年“曲径通幽处，禅房花木深”的禅门盛状。于是，重显不得不暂栖于池州城外的景德寺里，除了偶然给寺僧们讲讲秦僧肇的《般若无知论》，闲下来做几首山水诗，画几笔花鸟画，倒也觉得恬淡而闲适。谁也没有想到，在池州这块陌生的所在，重显竟然意外地遇到了他的旧友知交曾会。他与曾会既是同乡又是亲戚，那一年他与曾会一同去京城赶考，在一个小旅店里遇上了后来做了他的剃度师的仁铣。没想到仁铣的一席话，从此改变了重显的命运，使他突然放弃了科考，跟随仁铣出家做了和尚。而曾会却在那一年中了举人，几年里曾会官运亨通，从知县一直做到池州知州，目前正处在人生得意时期。

交谈中，曾会引用儒家《中庸》、《大学》并引证《楞严经》中与禅宗相似的语句询问重显。重显说，禅宗与经教尚且不一，何况《中庸》、《大学》！曾会希望他进一步指出其不一的所在。重显弹指一下说：“就看你怎样取舍了。以儒之心则得儒，以禅之心则得禅。”曾会立即省悟。

老友重逢，说不出的快慰。曾会说：“江南处处皆诗，你就留在这里吧，离此不远有万罗山一座，山中珍珠寺正在扩建，寺僧正欲寻找一位德高望重的住持，你去那里如何？”

重显摇了摇头说：“我此来池州，原是为寻找南泉旧址的，没想到荒芜至此。我已习惯了居无定所的禅游生活，我的下一站，是天台，是雁荡，我本已决定明日即刻出发了。”

曾会见重显去意已定，便说：“钱塘的灵隐为天下胜境，那里的住持珊禅师是我的旧交，你可去投珊禅师，他一定会重用你的。”

当下曾会就给珊禅师写了一封举荐信，并嘱他说：“灵隐虽为钱塘第一重刹，但那里人才匮乏，珊禅

清代线刻图：《四十三世雪窦重显禅师》。重显（980—1052年），遂宁（四川蓬溪县之西）人，俗姓李，字隐之，宋代云门宗僧。

师看了我的信，一定不会亏待你的。”

第二日，重显果然就与曾会挥手作别，离池州顺江而下，往江浙而去。二人的再次见面，是在3年之后。3年之后，曾会出任浙江节度史，他想起3年前与自己分别的旧友重显，便决定去灵隐寺晤他。

住持珊禅师以僧家的礼仪接待了曾会。曾会便向珊禅师打听起他的好友重显，然而珊禅师却浑然不知。曾会说，3年前我曾给禅师写过一封举荐信，禅师还记得吗？然而珊禅师说，他从未收到来自节度使的信件。

在3000人的灵隐僧众中，曾会终于找到了在厨间做着火头僧的重显，望着重显那一身油腻的僧袍，曾会真是感慨万千，他既为重显的甘于淡泊而钦佩，又为重显柱梁为薪而惋惜。问起3年前托他捎给珊禅师的信件，重显说：“行脚之人，当随遇而安，何必多此一举呢。”说时，重显将原信奉出，只见那信依然如故，封口的蜡油还一层未动呢。

俯瞰灵隐寺：浙江杭州灵隐寺是中国佛教著名寺院。雪窦重显曾行至此寺，驻锡3年。

不久，苏州吴江太湖小岛上的翠峰禅寺正缺住持，经曾会举荐，重显便前往担任住持。

翠峰寺为他的到来特意举办了一次隆重的法会，前来闻法的僧众达1000多人。重显登上法座，环视着会场说：“如果是真正本色的禅僧，就不必登上这高高的法座了”，重显说着，用手在空中划了一轮，又说：“各位请随着山僧的手指看吧，就在现时，无数个佛和佛国出现在大家的面前，就在各位的心中，各人须仔细地观瞻啊。如果有人连这个也看不到，谁又有办法能让你得法呢？当年佛举鲜花，迦叶微笑，佛说我有正法眼藏，付于摩诃迦叶。如果佛真有正法眼藏，就在今天传付给大家。自悟佛性者，纵然是瓦砾也会生出金光；向外驰求者，即令是真金也会褪色啊！”

这时有人问道：“久闻禅师主张看话头（守住一句话参禅），那么，请问什么是能够见到佛性的话头呢？”

重显向僧众说：“大众，请记住这僧的话头。”重显认为，任何一句话都可以作为话头，只要一门深入地参下去，必有后果。

浙江奉化溪口雪窦山雪窦寺（雪窦资圣禅寺）天王殿：雪窦重显在资圣寺弘法31年，使云门宗风大振。皇祐四年(1052年)，雪窦重显圆寂于此。

又有僧问："能说得再明白些吗？"

重显说："苦啊，苦啊！"

又有僧问："到底什么是佛呢？"

重显说："其大无外，其小无内，半合半开，成团成块，西竺僧人与此隔绝，禅界学人也多违背，任他千古万古长漫漫，充满沟壑却无人领会。"重显用禅杖顿了一下地面说："回到自己的家乡去吧。"这家乡，即是每个人的心灵深处。

禅宗虽然一直遵循"不立文字，教外别传"的原则，但在实际弘传过程中一直都没有离开过文字，经过唐末五代至北宋几百年的演变，正式形成所谓"文字禅"。雪窦重显在向门下僧众的传法过程中十分重视引述和发挥前人的语录公案，尔后再作出自己的评判，雪窦重显是宋代文字禅的著名代表人物之一。如在举出达摩见梁武帝那一段公案后，雪窦重显问大家说："请问现在有祖师吗？"接着又自说自话："有啊，唤来与老僧洗脚好吗？"

他在举说他的老师智门光祚的一段公案："僧问智门，如何是佛？智门回答说，踏破草鞋赤脚走，柱杖头上挑日月。"后评判说："千军易得，一将难求。"表达了对他老师的极力赞赏。

药山惟俨

唐玄宗天宝年间，一个年轻的僧人从遥远的北方大地千里迢迢来到南岳衡山，他就是后来曹洞宗的绵密的实行者和创造者药山惟俨。惟俨此来南岳，是专门向以“石头路滑”而著称于禅界的希迁和尚学习禅法的，然而，惟俨却并不直接去见希迁，而是像大师当年一样，坚韧地禅坐在一块大石上，一坐就是很长时间。

惟俨的行为终于引起石头希迁的注意。希迁问这位年轻的僧人，你在这里干什么呀？惟俨回答说，什么也不做。希迁说，打搅了，原来你是在这里无所作为地闲坐。惟俨赶紧回答说，如果是闲坐，就有作为了。

希迁对这位年轻僧人十分满意，于是，他们结为师徒。

惟俨的时代，由于安史之乱，唐王朝开始从贞观之治后的中兴走向末路。从佛教方面，由于慧能弟子神会的据理力争，称雄于北方一时的神秀北禅宗逐渐衰落，慧能的南禅宗开始在全国范围内大面积传播。惟俨在这时候来到衡山，犹如一粒饱满的种子，是在好雨时节的一次恰到好处的播种。

据说惟俨初来南岳时选择的是另一位以律教著称于佛界的希操律师，然而很快，惟俨便离律趋禅。惟俨认为，“大丈夫当离法自净，谁能屑屑事行于布巾邪？”于是，他这才将追求的目光瞄准了石头希迁和尚，以探求“直指人心，见性成佛”的顿悟法门。

石头希迁的禅法是公认的体用兼备、圆融回互，其禅风一向以刚劲凌厉著称，被学人称之为“石头路滑”；而惟俨则亦有“蚊子上铁牛”之称。因此，这二人的相遇，不可避免地会磨擦出特别的精神火花。但最后惟俨还是离开了石头希迁而前往江西马祖道一处学习禅法。

马祖听说惟俨曾在希迁处受法后便说：“我有时会教你扬眉瞬目，有时不教你扬眉瞬目，有时扬眉瞬目是我的目的，有时扬眉瞬目则又不是我的目的，你将怎样处之？”惟俨一下子就理解了。于是，惟俨在道一处学习了3年，但他后来还是回到希迁那里。正如哲学上所说的“否定之否定”，从“蚊子上铁牛”到“扬眉瞬目”，再到“石上栽花”，此时的惟俨，已绝非彼日的惟俨，他已经在禅法上得到更大的飞跃。他与石头希迁一个是针扎不进，一个是石上栽花，二人的禅法在圆融严密上，已经有了许多的相似之处。

贞元年间，中年气盛的惟俨带着弘传南宗的使命，从南岳移居于湖南澧州药山，他秉承于希迁“不论禅定精进，唯达佛之知见”为目的的宗旨，开始忠实地弘传希迁的禅法，被人们称为“药山惟俨”。

禅宗自达摩以来，一直以“教外别传，不立文字，直指人心，见性成佛”作为行事的标准。惟俨同样认为，禅是一种内心的体验，任何现成的语言文字都只会落入肯定或否定的执著之中。据说他刚到药山的时候，院主得知他得法于一代宗师希迁和道一，便立即请他为僧人说法。然而当寺钟敲过几响，当所有的僧众都满怀希望地坐在法堂里准备听惟俨说法的时候，一言未发的惟俨却突然离座而去。这件事弄得院主很没面子，事后他责问惟俨说，为什么你答应好好的，后来却突然变故？惟俨说：“讲经有经师，讲律有律理，讲论有论师，又怎么能怪老僧我呢？”

清代线刻图：《三十六世药山惟俨禅师》。惟俨（751—834年），山西绛州人，俗姓韩，唐代禅僧。

惟俨认为，禅是个人内心的独特体验，只可意会，不可言传，任何别人也无法教你什么。正如当初佛在灵山会上拈花，众人皆无可言对，唯有迦叶发出会心的微笑一样，“心心相应”，才是禅的最高境界。因此，当有一位僧人向他说“本人对佛法大事至今尚未明了，请和尚指示”时，惟俨便说：“如今我为你说上几句并不是难事，只是如果你立即领悟那还差不多，如因此而落入苦思冥想而不能自拔，那便是我的罪过了。”

又有一次，一位僧人问他说：“达摩未来中国时，咱们中国是否有禅？”

惟俨肯定地说：“有。”

对方似乎并不理解，于是又说：“既然达摩未来时就有禅了，达摩还来干什么？”

惟俨说：“正因为有禅，所以达摩才来。”在惟俨看来，禅是一种开启智慧的方式，自从有人类，便应有禅，这与达摩的东渡有什么关系呢？

有意思的是，惟俨虽然只看重内心的体验，但他却并不排斥经教。据说惟俨自己对三藏十二部经典十分圆熟。他认为，一个尚未得悟者是无法从经教中得到什么的，弄得不好，反而落入知解的窠臼，犯经验主义的错误。

一次他正在读经的时候，一个僧人觉得奇怪，便问他说："和尚您平时不许别人看经，为什么你今天也在看经？"

惟俨回答说："我只图遮眼。"

那和尚说："那么我看经遮眼可以吗？"

惟俨说："等到你能看经时，牛皮也能被你看穿了。"那僧人便知道，自己的功夫远不及惟俨，现在读经还不是时候。

朗州刺史李翱一直很仰慕惟俨的禅风和人品，多次派人请惟俨上门说法，但惟俨却无动于衷。无奈中，李翱便专门寻上门来向惟俨请教。然而惟俨对刺史大人的来访并未表现出丝毫的热情，仍只是低着头读经。尴尬的李翱有些生气地说："见面不如耳闻啊。"

惟俨突然抬起头来大声地喊道："刺史！"刺史应声而答。惟俨说："刺史为什么推崇耳朵却漠视眼睛？"刺史惭愧地合掌施礼。

接着，李翱问："请问什么是道？"

惟俨一手指天，一手指地说："知道吗？"

刺史摇了摇头，惟俨只好说："云在天上，水在瓶里。"刺史便向惟俨再次施礼。但他又问："请问禅师，所谓戒、定、慧究竟如何理解？"

惟俨说："我这里没有你的这些闲置家具。"

从读经"遮眼"到"闲置家具"，看似矛盾的两方面，却可以看出惟俨在继承慧能顿教的同时，又有了自己的发展。他并不看重"戒、定、慧"等一切先贤的法规，但却又并不一味反对读经。由此可见，惟俨的禅法是灵活的，互动的，从此也充分地看出，惟俨在接受希迁"圆融回互"上的灵活多变。

长期的修学，使得惟俨有着很深的内功。据说他经常深夜登上药山峰顶，于月下运气长啸，其声如洪钟，令山野震荡，以至澧阳90里处都能听到他的吼声。刺史李翱为此而作诗写道："选得幽居惬野情，终年无送亦无迎，有时直上孤峰顶，月下披云啸一声。"正是惟俨人生和生活的写照。

太和八年十一月六日，惟俨在法堂上突然说道："法堂要倒了！"僧众们不能理解，纷纷去取木柱来支撑法堂。惟俨举手而曰："你们怎么都不领会我的意思呢？"随即圆寂而去。

惟俨逝后，朝廷赐谥号“弘道禅师”。

洞山良价

唐文宗大和二年（828年），21岁的僧人良价来到江南池阳南泉山的那一天，正是普愿禅师的老师马祖道一忌日的前一天。当时，普愿正在为老师的忌日做着准备。良价知道这几天都不好向普愿问法，于是便夹在僧众的队伍中，为这个活动准备着。

忙完了这些，普愿忽然感叹说：“不知马祖明天是否前来应斋啊！”

大家都觉得这不过是普愿对老师的深切怀念之语，谁也没有拿它当真，然而人群中却有人大声地说：“如果有合适的伴侣，老人家一定会来的。”

大家都朝说话的人望去，原来是一个浙江的和尚，后来知道他就是良价。普愿特意朝那个小和尚看了一眼，说：“这个小和尚，居然说出这样的话来，将来是可以造就的人才。”

僧众们都知道，普愿是难得夸奖人的，不料竟对一个上门挂单的浙江小和尚如此大加赞赏。大家都对这和尚既羡慕又嫉妒。却不料那小和尚半点也不领情，普愿的话刚落音，他便没好气地说：“老和尚你不要压良为贱好不好？”

普愿听了，不仅没有生气，反而满意地笑了。于是，良价就算与普愿行过见面礼了。

良价此来南泉山，是专门来向普愿解悟一个历史公案的，那就是关于“无情说法”的公案。无情者，草木瓦砾，说是南阳国师有一次说法时公开地说，草木瓦砾虽是无情物，但却能够说法。南阳国师不仅这样说了，而且还补充说，墙壁瓦砾的说法一刻也没有停止过，只是我们听不见罢了。良价实在不能明白，草木瓦砾何以能够说法。

南泉普愿听了他的公案后，忽然竖起他的禅杖，问他说：“明白吗？”良价什么也不明白。不等他回答，普愿就握起禅杖朝他打来。看来他与普愿的禅缘并不契合，他在南泉山住了不到半个月，很快就离去了。他接着来到湖南的大沩山，来到沩山灵佑禅师的地方。

清代线刻图：《三十七世洞山良价禅师》。良价（807—869年），唐代越州会稽（浙江会稽）人，俗姓俞，中国禅宗曹洞宗之祖。

当他把那段公案再次转述了一遍之后，沩山灵佑忽然朝他竖起手中的拂尘，并且问道："你会不会呢？"

良价说："不会，请老和尚再讲明白些。"

沩山灵佑不高兴地说："我是父母所生的嘴，怎么能为你解说这些呢？"

良价知道他与灵佑的禅缘仍然不契合，他问道："还有哪位老和尚能够为我解说这些呢？"

灵佑说："你到澧陵去，云岩那老头或许会给你讲一点什么。"

就这样，良价又来到澧陵，他在一座岩洞里找到了那个白胡子的云岩禅师。

"你叫什么名字？"云岩问道。

"良价。"他回答说。

"你到这里，到底要做什么？"

于是，良价第三次将那个公案向云岩转述了一遍。他说："我就是不懂，草木瓦砾本是无情物，就怎么能够说法呢？"

云岩什么也没有说，老和尚将良价带到山洞外，一老一少走在春天的山野里。天空中飘浮着如絮般的白云，风声忽忽，四野的树木在风中轻柔地摇摆着，也跟着发出哗哗的声音。

云岩说："听到了吗？"

良价兴奋地说："原来这样啊！"

老和尚说："春生夏长，秋谢冬眠，万物都在这四时的运转之下，正所谓落一叶而知秋。这树林，这草木，还有这山野，这河流，无时无刻不在向我们诉说着远古至今的恕语，唯有有心去谛听的人，才能懂得它们的心声。"

良价是一个天生不肯安宁的人，他在云岩禅师处得了法后，就再也不肯与老人在这山洞中住下去了，他要继续他的山野之旅，他要继续去寻找新的禅机。

"你要去哪里？"云岩说。

"虽然准备离去，却还没有明确的地方。"

云岩怀着依依惜别说："从此一去，再难相见。"

良价说："从此一别，难得不相见。"

然而良价虽然这样说，但还是有些舍不得这位开启了他心智的老人，他说：“如果和尚百年之后，忽然有人问起我，还记得老和尚的形象吗？我该怎样回答？”

“只须回答他，这就是。”

良价默默无语，心中充满了惜别之情。

云岩忽然说：“良价啊，你承当这件事务必十分小心。”

良价不知道老和尚是说他记住老和尚形象的事还是他今后说法的事，但也不好再问，只好作罢。

离别了云岩禅师，良价怀着怅然的心情继续自己的漂泊。一路上，他总是努力让自己记住老人的形象，努力记住老人向他说的每一句话。几天之后，良价走到湘江岸边，秋天的江水清澈见底，坐在渡船上，良价从江水中忽然看到了自己的身影，刹那间，他一下子就明白了云岩的话，原来是这样啊！于是，良价当即作了一首偈语：

佛性／怎能从他人的身上寻觅／我与他相隔越来越远／虽然如此／如今的我独自逍遥／自由自在／但他的身影却随时随地萦绕于我的身边／我知道，他如今正是我／我如今不是他／啊，这就是禅的智慧／只有这样的领会／才符合他告诉我的意旨。

良价后来来到江西高安的洞山，很长的时间里，谁也不知道他，谁也不清楚这位年轻的僧人整天在思考些什么。直到有一天，他在寺院的墙壁上贴出一张纸，

浙江诸暨五泄禅寺良价祖庭：灵默禅师于唐元和年间创建五泄禅寺。良价禅师7岁时便在此寺披剃出家。

曹洞宗

曹洞宗是禅宗“五家”之一，属南宗青原法系。创始人为唐代良价禅师（807—869年）和本寂禅师（840—901年）师徒二人。因良价住江西宜丰的洞山，本寂住曹山，故称“曹洞宗”。成为“曹洞宗”而不是“洞曹宗”，是取六祖曹溪慧能，系以此表明本宗乃六祖正风之嫡传。曹洞宗的门庭设施为五位之说，分为偏正五位和功勋五位，各以君臣、父子关系说之。每一对都以互相配合而构成五种形式，其中以偏正五位为基础，辨明体用，扫荡情尘，使其物我双忘，人法俱泯。在禅宗五家之中，其门叶虽不及临济宗之繁盛，但法脉绵延不断，直至当今。

上面写着他的诗偈，人们终于意识到，这个默默无闻的僧人是一个怎样的僧人。良价终于以他的《五位颂》让人们知道他有着怎样的智慧，有着怎样的禅思。

《五位颂》以“正中偏、偏中正、正中来、偏中至、兼中至”的五位之说，将天地自然的万物现象从本体、现象、妙用三方面进行观察，从而阐明事理的关系圆融无碍的道理。这就使人想起石头希迁禅师所作的《参同契》，隔着数代，洞山良价将石头希迁的理论重新作了全新的阐释，这不能不使人感到，禅是一脉相承的。

洞山良价的理论后来又被他的弟子曹山本寂进行了新的补充，变成了君臣五位之说。中国禅宗的五家七宗之重要的宗派曹洞宗由此而形成。

似乎还有必要补充一下洞山良价的死。

据说他临寂前对他的弟子们说：“我这人在世间70余年，留下了不好的名声，谁能替我除掉呢？”大家都默默无语，不知如何应对，这时有一个小和尚凑在他耳边说：“请问和尚您的法号是什么？”

良价说：“谢谢你，我不好的名声被你除掉了。”这个小和尚就是他的弟子，后来和他共同完成曹洞宗的曹山本寂。

曹山本寂

曹洞宗的开宗人洞山良价年老卧病在床时，有一个年轻的弟子前往探望。弟子伏在老师的床头天真地说：“想不到老师这样的人也会生病，这世上是否还有不病之躯呢？”

洞山良价是一个天才的教授，从不放过一次应机教化的机会，便回答他说：“有啊。”

“那么，不病之躯是否能看见老师呢？”

洞山对这位弟子超常规的思维一向是很看重的，洞山便也用超常规的思维来回答说：“当然是我在看他了。”

弟子紧接着说：“不知老师看到了什么？”

“当我在认真观看的时候，就看不到病了。”

多么奇妙的对话，多么默契的一对师生。好多年后，当洞山圆寂之后，这位弟子继承了洞山的禅风，将老师的《五位颂》作了更全面的补充，而成《五位君臣法》，从本体、现象、妙用三方面去认识天地万物，被认为精神贵族的中国禅宗曹洞宗因此而形成。

这位弟子，就是曹山本寂。

据说本寂出家前是学习儒家义理的，19岁那一年，他在家乡福州灵石山出家，25岁这一年，他与他的老师洞山良价历史性地相会了。这就注定了他们要有一番伟大的成就。

当时洞山问他："你叫什么名字？"

本寂说："我叫本寂。"

"呵，你这个寂，是死亡的意思吗？"良价说。

"那我就不是本寂。"本寂说。

禅宗认为，名字只是一种假设，没有真实的名份。本寂的回答，说明他已经对慧能的"无相"说早已烂熟于心，这令洞山十分满意。洞山觉得，只要好好教化，眼前的年轻人将来就有可能成就一番不凡的事业。从此，洞山让他随侍在自己的身边，随时加以教益。

好多年后，本寂决定离开自己的老师，到另处开辟道场。临行前，洞山问他将去哪里，本寂说："要到那不变易的地方去。"

"不变易处，岂能去呢？"

"去了也不变易。"

佛教认为，世间的一切都是无常，都是无时无刻不在变化而发展之中，如果要说有什么不变易的，那就是佛性了。因为佛性是永远不会变易的，永远都处在虚空而绝对的真理的状态之中。本寂这样一说，他的老师当然也就放心了。

本寂离开洞山后，先是去了韶州曹溪，拜谒了他仰慕的一代禅宗巨匠慧能的灵骨塔。后来，他来到江西临川的一座山上，山本无名，本寂因仰慕曹溪慧能，便将此山命名为曹山。从此以后，本寂的命运便与这山连在了一起，人们习惯于称他为"曹山本寂"。

禅宗认为，佛性人人自备，自家即有，反对向外寻求。然而一些人却总是守着自家的宝山而终年不识其宝。他来曹山不久，即有一位叫清税的僧人前来求教。

"我孤独清贫，请老师赈济。"原来是一个来寻

清代线刻图：《三十九世曹山本寂禅师》。本寂（840—901年），泉州莆田（福建古田）人，俗姓黄，为禅宗曹洞宗之祖洞山良价的法嗣，世称曹山本寂，唐代禅僧。

求佛法的人，可怜他竟然觉得自己一点佛性也没有，他希望这位大德高僧能给他一点佛法，能开启他一点智慧。

本寂喊道："大德！"

那人立即应了一声。本寂知道，此人还是识得自己的，只是不识自家的本性而已。于是便讥讽他说："泉州白家的三升酒多昂贵啊，可你吃了居然还说没有沾唇，真是岂有此理。"

那僧人摸了摸自己的嘴唇，终于明白，自心即佛，本来具有，何必守着金山去要饭呢？

这样守着宝山不识宝的还大有人在。一次，又一位极不自信的僧人前来问法，僧人说："古人一直都说佛性人人自有，请问和尚，像我这样的人是否也有呢？"

本寂让他伸过手来，然后就扳着那人的手指数着："一、二、三、四、五，足数！"本寂给了这僧人信心与自信，就像每个完好的人都有五根手指一样，对于佛性问题，这可怜的僧人并不比别人少一丝一毫啊。

曹山本寂教化人的方式既不是德山宣鉴式的举棒即打，也不是临济义玄式的一声断喝，而是一种如涓涓细流般的层层推入。就像扳着迷者的手指，让他知道自己一切俱全，并不缺少什么一样。然而像一切禅宗大师们一样，本寂同样采用引导、启发、推论等方式，从不直接给你说什么，而是让学人自悟、自省。

一位自认为慧根俱足的人前来问法，说："我怀抱着璞玉前来拜见老师，请老师加以雕凿。"

本寂说："不雕凿。"

那人问为什么，本寂说："要知道曹山是一把好手。"曹山本寂认为，与其让别人来雕凿，不如你自己来吧，别把我自己的一双好手给坏了。

曹山本寂仰慕六祖慧能，其道法又直承洞山良价，因而本寂对于自性自我十分重视。他久居山林，逍遥旷达，有着一种强烈的遗世独立的倾向，甘向"异类中行"。钟陵大王仰慕他的道风，多次迎请，他始终不肯下山，后来，本寂手书大梅法常的一偈回绝之："摧残枯木倚寒林，几度逢春不变心。樵客视之犹不顾，郢人那得苦追寻。"本寂借用大梅法常的诗偈明确地表达了他与世俗诀绝的精神。就像是一枝久经风雪的寒木，守着自己的本土，心无旁骛，任春来冬去以后，决无回转。这种重视内心的自由、完全不计其他的精神是一切禅宗大师们所一以贯之的。

丹霞天然

选官不如选佛

皑皑大雪像一块灰蒙蒙的幕布笼罩在北方的原野上，远处的山，近处的村庄，均在这漫漫大雪中显出影影绰绰的轮廓。天将黄昏，通往西京长安的那条官道上此时更是少见行人，一个骑着毛驴的身影由远而近，终于看见，那是一个头戴方巾、脚踏耳鞋的年轻人。走了一天的山路，小毛驴早已累了，年轻人倒也不急着赶路，他乐得在这漫天大雪里尽情释放着自己的心情。小毛驴一路走走停停，走到一处小客栈，天完全就黑了。乖巧的小毛驴善解人意地停了下来，于是，年轻人踏着积雪，走进那家简易的客栈。

然而他却被告之，客栈里已没有空余的房间。这些日来，一批批人从南北交汇的干道上经过，都说是要前往江西什么选佛场去，客栈里几乎每晚都是满员。年轻人说，管他选佛不选佛，反正我不走了，我已经走了一天了，再说天黑了，人生地不熟的，你让我去哪儿再找住处？店家看了看他说，只有一间废弃的柴屋，如不嫌弃，可以暂歇一夜。年轻人说，有住处就行，管它柴屋还是人屋。

店家为他点了一支蜡烛，借着那一点昏暗的烛光，年轻人走进了柴屋。谁知柴屋里竟然还住着另外一个人，此时那人已靠着柴堆，如雷的鼾声像是要震破这间破旧的柴屋。

年轻人真是累了，于是也裹着店家给他的一床棉被，靠着柴堆睡着了。不知什么时候，一团耀眼的白光从天宇闪过，将整个大地全都笼罩在一片银光闪烁的世界里，那远处的高山，那近处的河流，以及那近在咫尺的梵宇宫殿，竟是从未见过的美轮美奂。年轻人在朦朦胧胧中意识到，这从未经历的一切一定就是传说中的天

《雪山行旅图》：轴，绢本，设色，纵98.5厘米×横54厘米，元代姚廷美绘。姚廷美，字彦卿，吴兴（今浙江湖州）人，元代画家。画中高山被白雪覆盖，山间有几处房屋，远处小溪内有一渔船，道路蜿蜒，近处有一房屋，旁边的行人骑驴赶路。

上宫阙。那么，自己是怎样走进这天上宫阙的呢？不知什么时候，一轮灿然红日透过窗户射进了柴屋，原来刚才的境界，乃是酣然一梦。年轻人委实不知道，那刚才的梦境，于他此次进京选官，不知是吉兆还是凶境。

这时候，那发了一夜的鼾声终于止歇。年轻人这才看清，与他有过一夜之侣的，竟然是一个驼背的和尚。此刻，那和尚掀开被子，伸开手脚，嘴里琅琅而语："大梦谁先觉，贫僧，贫僧。"和尚终于发现了他，和尚说："我吵醒你了吧。"年轻人说："啊，我睡得很好，只是被一个好梦惊醒。"

和尚说："啊，好梦，什么样的好梦？"年轻人于是便把梦中的所见，原原本本地告诉了和尚。没想和尚大声地叫着说："吉梦吉梦，解空之梦。"年轻人问何谓解空之梦，和尚就说："解空者，悟解、透彻佛门大乘空义之梦也。居士莫非也是前往江西选佛场的，你的前生，必定是佛。"

年轻人没想过自己前生是佛还是僧，他只知道他此去长安，是为了一年一度的科考而去。他从来也没有想到要去什么选佛场。

"我此去长安，是为选官而去的。"年轻人说。

"选官不如选佛。"和尚断然地说："殊知做官是一时一世的事，做佛却是永世累劫的功德。"

年轻人见和尚说得有理，便又问道："若是选佛，可往什么去处？"

"如今马祖大师在江西开辟道场，天下无人不知，无人不晓，你看这南北交叉之处的小小客栈夜夜暴满，所住的客人，都是为选佛而去的啊。"

吃过早饭，年轻人骑着他的毛驴，朝着一个相反的方向而去。年轻人果然去了江西马祖大师的选佛场。

下槽厂去

江西洪州的一座寺庙里，果然挤满了前来参加选佛的人。然而一批批人乘兴而来，却又败兴而去。原来一点也不比选官容易。马祖大师坐在法座上与人论禅，一句话不合，便只得灰溜溜自行而去。

面对着那金顶飞甍的寺宇，面对那高踞于莲座上的佛像，年轻人忽然感到这一切于他是那样熟悉，虽然他只是第一次走进佛寺。他随着选佛的人流依次走进马祖大师的法堂时，忽然感觉那端坐在法座上的马祖大师突然睁开一直微闭的双眼朝他看了一眼。于是，就在他与马祖大师四目相对的一瞬间，年轻人似乎意识到，他这一生，注定了要与佛结下不解之缘。

他向马祖大师走过去，马祖大师盯着他微笑着，他举起手来，在自己的前额轻轻地拍了拍。马祖大师开口说："你的佛缘不在这里，南岳石头是你师！"只这一句，就再无下文。

年轻人也不再言语，出门牵过他的毛驴，就直奔南岳而去。一个月后，年轻人的身影出现在南岳南台寺前。及至见过那个石头和尚，和尚却看也没看他便说："下槽厂去。"年轻人二话没说，他把那头毛驴送给了一个过路的农夫，就像当年的六祖慧能大师一样，抱着简单的行李一下子就住到了南台寺的碓屋里。

时间飞快地流转着，在那段时间里，年轻人不问，不说，也不离碓屋。他似乎已经忘了他自幼熟读的那些儒家的经典，忘了20多年来一个又一个作官的梦想，他戴着方巾、脚踏耳鞋，在这座南台寺里甘心情愿地做着一名方外的僧人。他只是感到，原来他一出生在这个世界上，就已经决定了他必定是一个明心见性的僧人。

终于迎来了3年期满的日子，那一天，石头希迁和尚把所有的僧人都叫到法堂前，石头和尚说："今天要除大殿前的杂草，听到了吗？"所有的僧侣全都扛着锄头到大殿前忙活去了，唯独不见这碓屋里的年轻人。过了一会儿，人们看到这年轻人打来一盆热水，当着石头希迁的面认真地洗抹着。洗抹完毕，便端坐在希迁大师的面前。希迁说："你要干什么？"

他回答说："你不是说今天要除大殿前的草吗？"希迁于是二话不说，让人取来剃刀，当下就为年轻人举行了剃度仪式。

广东丹霞山别传寺：澹归禅师于清康熙初年创建，其师天然和尚曾说法于此。寺院建筑玲珑庄严，曾住众千人，其规模之大，堪与韶关南华寺、云门寺媲美。

又过了一些日，希迁大师将他召到面前说："给你说戒好吗？"

他看了看大师，掉头就走。从此消失在南岳南台寺。

年轻人再次回到马祖道一处的时候是一个深夜。第二天黎明，来上早课的僧侣们发现，3年前曾来过的那年轻人正骑在大殿里的佛像身上打着呼噜。大家唤他也不醒，打他也不下来。僧侣们只好把这情况向马祖大师汇报了。马祖大师听说后立即赶到大殿，及至知道这漠视圣佛的人竟就是3年前的那个年轻人，马祖大师说："真正是佛赐我子，天然成佛啊。"

年轻人听到马祖大师的这句话后，立即从佛像的身上跳了下来伏地便拜，说："感谢师父赐名。"于是，寺里从此就多了一名叫天然的年轻僧人。

烧佛取暖

天然在马祖道一处住了几年，道一决定让他出门参学。于是，天然辞别了道一，立即下山去了。

这是一个严寒的冬季，天然行走了一天，晚上，他投宿到江西与湖南交界处的惠林寺里。寺里的知客师见他穿着一件破旧的僧袍，戴着一顶破帽子，神情又是怪怪的，便把他当作"马溜子僧"（野僧）。知客师一边将他往山门外猛推，一边没好气地说："本寺单位已满，没地方住了，出去，出去。"

天然也不理他，一头就钻进了大殿里。

雪仍在下着，半夜里，天然被一阵彻骨的寒冷弄醒，他看看四周，实在没有什么取暖的东西，便跳上佛台，搬下一尊木佛，三两下就掼碎了，准备用来烧火。

声音惊醒了守殿的和尚，那和尚见天然将一尊木佛掼碎了，吓得半天回不过神来，终于叫着："你疯了，怎么敢把佛给掼碎了？"

天然一边继续干着，一边说："没事，我倒要看看他身上是否有舍利。"

"真是疯话，木佛的身上哪会有舍利呢？"

"是啊，那就不怪我了，掼碎了它又有何妨？"说着，便将那一堆碎木烧着了。温暖的火光照亮了大殿，也驱走了天然身上的寒冷，天然愉快地发出哼声。

那守殿的僧人竟也禁不住这火的诱惑，慢慢地挨过来，将冻僵的双手伸到火堆前。然而不等他挨近火堆，一团火苗突然撩到那和尚的脸上，将他的眉毛胡子一下子就烧着了。那和尚摸着被烧焦的脸庞，一边看着怡然自得的天然，说："怪了，怪了，为什么我一挨近这火就被它烧了，你却没事？"

天然笑呵呵地说："因为你把它当作佛，佛就来惩罚你了，我只把它当木头，所以就没事了。"

舍利

梵语即死尸、遗骨之意。又作实利、设利罗、室利罗。意译体、身、身骨、遗身。通常指佛陀之遗骨，而称佛骨、佛舍利，其后亦指高僧死后焚烧所遗之骨头。一般而言，凝结有舍利，或如珠，或如花，白色为骨舍利，赤色为血肉舍利，黑色为发舍利，也有杂色的，那是综合而成，此是生前依戒定慧薰修而得，无量功德所成。

德山宣鉴

越过巴山，渡过湘水，宣鉴已经走了一月有余了。

宣鉴是在一个月前听到关于南方禅宗盛行的情况的，当时是寺里的一位和尚刚刚从南方归来，说到禅宗，那位和尚连连地摇头说，现在是邪法盛行，那些所谓禅师们呵佛骂祖，既不读经，也不拜佛，竟然口出狂言，说什么只要内心观照，就能够"直指人心，见性成佛"。

这些话别人听来倒也罢了，唯宣鉴听了格外愤怒。原来宣鉴自幼出家，熟读经书，尤其是一部《金刚经》，宣鉴读了不下千百遍，人称"周金刚"。宣鉴想，只要认真读经，总有一天会成佛作祖。没想到现在南方禅宗盛行，居然连经也不读了，想想看，禅僧邪道

清代线刻图：《三十七世龙潭崇信禅师》。崇信，出身、生卒年皆不详，唐代禅僧。属青原行思法系，从天皇道悟出家，得悟玄旨，后结庵于澧州（今湖南澧县）龙潭禅院，宗风大振，世称龙潭崇信、龙潭和尚，传法于德山宣鉴。

猖狂如此，这是什么世道啊！

宣鉴决定去与那些禅师们作一番较量，他倒要看看，到底是《金刚经》厉害还是他们的“直指人心”厉害。

宣鉴带着《金刚经》，带着他用十年心血写成的《金刚经》讲记《青龙疏钞》，一路颠簸地向南方走去。这一天，他终于走到湖南澧阳地界。

六月盛夏时节，湘江正是水汛时期，遇上上游的一阵洪水，宣鉴乘坐的渡船差一点翻入江底，幸而他所携带的经书完好无损。船到澧阳，宣鉴上得岸来，准备继续向南走去。时已过午，宣鉴的腹中饥肠辘辘。恰好路边有一卖点心的婆婆，于是宣鉴向婆婆走去，说：“婆婆，卖的什么点心啊？”

婆婆看了看他，知道他是一个和尚，且他的行李中露出一角，是一本厚厚的书，便说：“那是什么书？”

宣鉴说：“《青龙疏钞》，专讲《金刚经》的。”

婆婆一定是读过此经的，于是就说：“看来你是一个有学问的人，我有一问，如你答得上来，这点心白送于你，如你答不上来，就请去别处去觅食。”

宣鉴觉得这婆婆真有意思，便笑着说：“只要是关于《金刚经》的，没有能难住我的，你不知道，人家是叫我‘周金刚’的。”

婆婆便说：“你刚才问我是什么点心，我记得《金刚经》中说，过去心不可得，现在心不可得，未来心不可得，那么，你点的又是什么心呢？”

宣鉴一时竟哑口无言，顿时就愣在那里不知所然。婆婆见了，哈哈大笑了一通，还是施了一些点心与他，然而他却食而无味，羞愧难当。

天色已晚，宣鉴打听到附近有一所龙潭禅院，于是便决定前往投宿。

走进龙潭禅院，宣鉴在堂上巡视了一通，大声地说：“一直向往龙潭，现在见了，却既不见龙，也不见潭。”

龙潭禅院的院主崇信看他一脸正气，形象不俗，知道是有根基的人，便出来躬身迎接，说：“和尚您已身在龙潭，怎说无龙也无潭呢？”

宣鉴又无话可说了。

这天夜里，崇信在堂上用功，宣鉴一直站在崇信的身边，他倒要看看，这位号称龙潭禅师的人到底有什么本事。

崇信说：“时候不早，您该下山了。”

宣鉴听了，便立即朝外走去。走到门口，却又掉转头来，说：“外面月黑风高，走不了啦。”

崇信便为他点上一支蜡烛。宣鉴刚刚用手接住，崇信突然一口将蜡烛吹灭了，眼前陡然一片黑暗。崇信断然的举动让宣鉴在大惊中突然醒悟，于是，宣鉴伏地便拜。

崇信问道：“有什么体会吗？”

宣鉴说：“从此以后，天下老和尚的话再也不敢不信了。”

第二天，崇信在法堂上对大众说：“这里有个汉子，牙齿好像剑树，嘴巴好像血盆，一棒打下去也不回头，以后会在孤峰顶上树立起我的道法，他就站在我身边。”

宣鉴把用十数年心血写成的《青龙疏钞》堆在堂上，一把火烧了，说：“自以为把玄理说得透尽了，原来不过是像虚空中的一根毫毛一样；即使弄清了世界上的全部道理，也仅仅好比是大山谷中的一滴水而已。”

宣鉴在澧阳龙潭禅院住了10多年之久，大中初年，澧阳太守建立德山禅院，并请宣鉴入住。从此，人们就开始称他为德山宣鉴。德山宣鉴的禅法以“棒喝”为主，据说有一次人们请他说法，德山宣鉴却说：“一问就有错，不问也有错。”

一个僧人便上前礼拜，德山宣鉴举棒就打。那僧人说：“我还没开口呢，怎么就打？”

德山宣鉴说：“等你开了口，还有什么用呢？”在德山宣鉴看来，禅是没有什么可问的，一切在自己的体悟，正所谓一开口便是错。

在临济宗中，历来有“德山棒，临济喝”之说。

为了让学人从历来的崇佛信祖的信条中解放出来，德山宣鉴不惜走一条极端的道路，干脆呵佛骂祖。他说：“我这里没有什么先祖，更没有什么佛圣，达摩

清代线刻图：《三十八世德山宣鉴禅师》。宣鉴（782—865年），剑南（属四川）人，俗姓周，法名宣鉴，唐代禅僧。

老儿不过是个干屎橛，文殊普贤是挑粪汉，十二类佛经是鬼神簿，所谓十地圣者是守古坟的一群鬼。”

德山宣鉴以否定一切圣贤的方法让学人意识到，一切只在自悟，没有什么现成的经验。

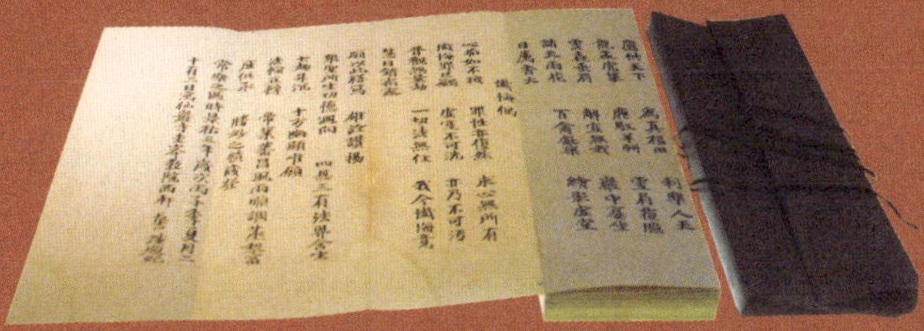

第五章　禅人禅事

禅人禅事

荷泽神会见慧能

神会像：神会（668—760年）是禅宗六祖慧能晚期弟子，荷泽宗的创始者，建立南宗的一个得力人物。也是六祖著名的法脉传人之一。俗姓高，湖北襄阳人。摄于洛阳龙门石窟景区。

唐久视元年（700年），一代大师神秀应则天武皇的召请，前往长安入宫说法。直到临行前的一天，神秀才将这一消息公之于众。

听到这一消息，玉泉寺法堂里顿时一片沉寂，弟子们全都陷入失落之中。在一片惶惶然之中，唯有弟子神会面露喜色。只听他高声问道："师父，你去京城后，我等弟子将何去何从？"

神秀看了看法堂内所有的弟子，说："凡有愿意随我北上者，可随我同行，有不愿随我北上者，可前往广东韶州投奔曹溪慧能大师。"

谁都知道，曹溪慧能原为一介农夫，只是凭借着一首"菩提本无树"的偈子，硬是夺走了本该由神秀铁定的六祖衣钵。这些年，慧能在广东韶州大弘顿悟法门，致使前往求法的人踏破了曹溪的门坎。现在，神秀大师让弟子们前往投奔曹溪慧能，谁也不知道他话中的真实意旨。一时间法堂内陷入长久的沉寂之中。

忽然，法堂的一角传来高朗的叫声："就依师父之意，我决定即刻前往韶州投奔慧能大师。"

说话者，神会是也。神会的话音刚落，立即招来一片谴责之声。有说他目无师道，背叛宗祖的；有说他丧尽天良，叛变投敌的，总之，什么难听的话都有。然而神会依然面带笑容，镇定自若，一副风雨无侵、刀枪不入的神态。直到大师神秀发话说"神会之决定，原是由我的话头而来，他没有错"时，法堂内的谴责之声才渐渐停止。

不等第二天送别神秀，神会果然于下午就辞别玉泉寺，动身前往韶州而去。

神会走进曹溪之时，正遇上慧能大师在

法堂说法。他一走进法堂，慧能即知道他是谁，知道他从何处而来了。慧能说："难得你远道而来，十分艰辛，但不知你是否把本带来了？"

神会知道慧能是在拷问他的心智，他也知道慧能当年是因为《金刚经》中的一句话"应无所住而生其心"而从此开悟的，便回答说："启禀大师，弟子一向以'无住'为本，本，随身所携啊。"

慧能又问："以无住为本是没有错的，可是，又如何识得主呢？"

神秀又回答说："弟子以无住为本，当然识得本性即是主了。"

慧能对这位年轻人十分满意，但他却面无表情地拿起身边的禅杖，趁着这新来的和尚不注意的当儿，突然朝神会的身上连打了三下，打得神会浑身麻木，眼冒金星。但是神会知道，这是慧能送给他的特别礼物，也是慧能对他的特别印可。因此，他不仅没有因挨打而发怒，反而感到由衷的高兴。

慧能打完神会，继续给僧众们说法。法堂里因神会的到来而引起的短暂混乱后，又重新安静下来。不知过了多久，慧能说到佛性的问题，慧能说："殊知本性即是佛，见到佛性，也就是见到真佛了。"这时，神会突然站了起来，他打断慧能的话头，没头没脑地问道："大师总说到佛性佛性，可是，大师您自己是否见到佛

广东韶关南华寺祖殿：神会在慧能大师圆寂之后，建立荷泽宗，并将禅宗的顿悟之宗旨弘扬开。

性了呢？”

法堂内一片嘘声，大家都对这外来的和尚毫无规矩，竟然打断大师的说法而愤怒。慧能停止了说法，他拿起身边的禅杖，又朝着神会没头没脑地打了三下，打完了，慧能问道：“我打你，痛是不痛？”

神会说：“也痛也不痛。”

慧能说：“何谓也痛也不痛？”

神会说：“我要说不痛，我便是一个木石之人了；我要说痛，那就对您有了嗔恨之心。所以，我是也痛也不痛。”

慧能说：“现在我也回答你吧，对于佛性，我也见到也未见到。我见到了，是因为我常常发现自身的缺点和错误，未见到是从未见到他人的缺点和错误。”

慧能继续说法，他说：“我有一物，无头无尾，无名无字，无背无面，大家知道这是什么吗？”

在座的僧众无一能够回答，然而那新来的和尚神会却又站起来大声地说：“我知道，这是事物的本源，也就是我神会的佛性。”

慧能取过禅杖，又朝神会没头没脑地打了起来。慧能一边打，一边笑着说：“我说是无名无字，你却说了个佛性二字，你说该不该打？”法堂内的气氛活跃起来，大家都为大师以一种轻松而奇特的方式，在不知不觉中开启了众人的智慧而发出快乐的笑声。虽然被打，但神会一点也不沮丧，因为他今天不仅见到了慧能，而且接受了特别的启蒙。儒家的孔子说，朝闻道，夕死可矣。对于一个求道者来说，还有什么比获得智慧的开启而更加高兴的呢。

就这样，神会在曹溪住了下来，他成了慧能最得意的弟子。

神会北上定宗旨

唐先天二年（713年），在中国佛教史上出了一件大事，这一年的八月三日，一代佛教大师，76岁的禅宗六祖慧能，在向他的众多弟子作别之后安详圆寂。慧能临终前，其大弟子法海问道：“大师去后，衣法将传于何人？”慧能说：“衣钵只是传承的信物，本无再传的必要，至于心法，我已传给当传之人。”过了一会儿，慧能又说：“20年后，有邪法撩乱，惑我宗旨。至时会有人不顾性命定我宗旨，至时你们会知道，他就是接我心法之人。”

慧能寂灭后20年中，曹溪顿悟法门也随着大师的离世而渐渐沉废。

与之同期，被称为“两京法主，三帝国师”（天帝、中宗、睿宗）的神秀大师的渐悟法门却开始炽盛于整个北方大地。神龙二年（706年），神秀走完了他90余年的人生之路。神秀寂后，中宗特为他在嵩山岳寺建造灵骨塔，并追谥为“大通禅师”。至此，神秀的人生以一个最圆满的句号而告结束。

神秀寂后，他的大弟子普寂禅师继续受朝廷和民众的热烈尊崇。普寂利用神秀的“备极哀荣”以及自己的声望，开始在北方大造声势，公开称自己为禅宗七祖。普寂宣传说：“达摩祖师传法于慧可，慧可传法于僧璨，僧璨授法于道信，道信再传于弘忍，弘忍遗法于神秀，神秀则将七祖的禅法传之于普寂。”依着神秀普寂师徒当时在北方的声望，北方的信众几乎没有人敢怀疑这样的事实，于是，北方的渐悟法门越来越成为人们注意的焦点，北禅宗也大有取代曾经显赫一时的南禅宗，而成为禅门正宗的趋势。

然而就在这时，在河南洛阳的一所寺庙里，一位慧能当年的弟子终于召开了一个非同寻常的无遮大会，他以雄辩的事实和论辩的才能驳倒了“北禅正宗论”，宣告慧能创立的南宗在中国佛教史上的正统地位，确定南宗的主要宗旨。这位非凡寻常的僧人就是慧能的弟子之一——荷泽神会禅师。

荷泽神会是慧能晚年的弟子，虽然他原来自北禅宗的神秀门下，但却得到慧能的特别器重。神会在曹溪住了几年，为了广为参学，慧能让他前往江西青原山参见另一位禅门巨匠青原行思。景龙年中（707—710年），神会再次回到了曹溪，慧能知道他的禅法已经达到纯熟的地步，于是在自己临示寂前秘授印记。开元年间，神会被敕配河南南阳龙兴寺出任住持。在此期间，与他交往的名人很多，其中既有南阳太守王弼，更有大诗人王维等。神会的声望也越来越高。

神会亲眼目睹了自神秀寂后北禅宗的日渐盛行，心中自然会有一种莫可名状的感受。于是，他决定召开一次空前的无遮大会，以确定南禅宗的正统地位。

开元十二年（724年）正月十五日，河南滑台大云寺里人头攒动，五彩的旗幡在北方的寒风中猎猎作响。参加这次无遮大会的既有各界僧众，更有本地的官员及当今的名士，而南阳太守王弼和大诗人王维的参加，更是给这次无遮大会增添了浓重的色彩。主持这次无遮大会的是南禅宗的领袖慧能晚年的弟子神会禅师。此时的神会已是78岁高龄的老人。只见他一上来就高声地说："神会今设无遮大会，只为庄严佛法道场，不为个人功德，神会今已78岁，去日无多，当在有生之年为天下学道者定宗旨，为天下学道者辨是非。这些年来，北方的大地上流传着一个颠倒历史的谎言，那就是禅宗的世系问题。我在这里只想公布一个事实，那就是，真正的六祖是韶州曹溪，慧能大师才是达摩禅的第六代传人。"

河南嵩山嵩岳寺塔：嵩岳寺塔属全国重点文物保护单位，位于郑州登封市城西北5公里处嵩山南麓峻极峰下嵩岳寺内，初建于北魏正光四年（523年），是中国现存最早的砖塔。嵩岳寺塔为砖筑密檐式塔，也是唯一的一座十二边形塔，塔身分为上下两段，是密檐塔的早期形态。

神会的话音未了，会场内一片骚动。包括太守王弼以及大诗人王维，谁都没有想到神会会提出如此大胆的论断。而那些拥护普寂为禅宗七祖的人更是感到气愤难忍，他们大叫着说："谎言，谎言，真正的谎言，谁都知道，神秀大师是禅宗六祖，神秀大师的北禅宗才是禅门正宗，你今何来南禅正宗之说，说出你的理由来！"

神会环视了一下会场说："大家都知道，我曾是神秀大师的十大弟子之一，久视元年，神秀大师应则天武皇召请前往京城说法，临行之前，神秀大师嘱我前往韶州曹溪慧能处参学。神秀大师说，韶州有大善知识，原是黄梅东山弘忍大师传法之第六祖，你可前往他处参学。神秀禅师还说，禅宗六祖传法袈裟在韶州曹溪，达摩禅法尽在他处。大家知道，神秀大师在世时，从来就没有口称自己为第六代，而今大师既去，普寂禅师却自称第七代，这不是很滑稽的事吗？"

"神秀七祖，北禅正宗"，这些早就被

北方人接受的事实，今天竟然被神会公然推翻，大胆驳斥，神会的挑战无不令人震惊。趁着人们震惊之际，神会继续说：“今天，我要正式向各位大德公布禅宗的世系，那就是，达摩传袈裟以为法信，授与慧可，慧可传僧璨，僧璨传道信，道信传弘忍，弘忍传慧能，六代相承，连绵不绝。若有人问，七代又为何人？慧能大师临寂前，也曾有人问起此事，慧能大师说，衣钵不过是传承的信物，本无实际意义，从兹以后，再无衣钵传承之说。”

当时座下有一位名叫崇远的和尚站起来质问神会道：“普寂禅师名字盖国，天下知闻，众口共传，不可思议。你今如此相非斥，你不要命了吗？”

神会侃侃答道：“我只为判明是非，定南禅宗旨，我既为弘扬大乘佛法而来，为建立正法，令一切众生知闻，岂惜身家性命？”

神会的这种气概，深深地震慑着人们的心魄。至此，滑台大会以神会的先声夺人占取了绝对的优势。接着，这位70多岁、须发尽白的禅师迎着北方的寒风继续侃侃而谈，他引经据典，口惹悬河，那具有号召力的演说让在场的人们无不对顿悟学术怀有深深的正信。即使有少数怀疑的人，也被这气势所震慑，终而不敢再作申辩。

滑台大会是南宗重兴的一声号令，是北宗消灭的先声，也是中国佛教史上的一大革命。趁着滑台大会的胜利，神会又接着请他的方外好友、大诗人王维撰写《唐曹溪慧能大师碑》，将这次滑台大会的内容刻于碑上。

一次胜利的滑台大会，再加上大诗人王维的碑文，从兹以往，谁还会对慧能法系的正统地位以及顿教的优越有丝毫的怀疑呢？

王维像：王维与神会交往甚好；在神会带领南宗取得正统地位的过程中，王维是大力支持神会的。王维（701—761年），字摩诘，太原祁州（今山西祁县）人，开元九年进士，世称“王右丞”，唐代著名诗人、画家，有《王右丞集》传世，存诗400余首。

法融另辟牛头宗

完成了衣钵的传承，四祖道信忽然觉得一下子就闲了下来。他把一切事务全都交给了五祖弘忍，自己决定出门走走。他知道，在这个世界上，还有许多的高人他还未结识，他要在自己的晚年尽可能多地结识一些这样的高人。

四祖道信来到南京附近的牛头山上，据说这里有很多的高人。这些高人长年隐藏在这座被白云和青松掩映着的高山上，苦苦地思索着关于生命，关于世界，关于人生的深刻命题。

道信刚走进牛头山口，便见到一个银发飘然的老者。老者身穿一件千补百衲的僧袍，禅坐在一座路边的亭子里，不知禅定有多少时间了。然而道信知道，这并不是一个真正的高人，真正的高人不会坐在路边的亭子里。

“请问老者，这里有修道人吗？”

老者睁开眼来看一看道信，对道信的问话很不愉快。

“要是有修道人，你一双凡眼也难以看见。”

“啊，凡眼能看见的，当然就不是修道人了。”道信笑呵呵地说。

那老者似乎意识到来人并不是一个可以等闲视之的角色，于是便说：“那就往里走吧，若是看见了，就请告诉我一声。”

道信又继续往山里走去，他在一座小庙里看到一个正在读经的和尚，道信向那和尚施礼道：“请问，这山里有真正的修道人吗？”

那和尚从经文上抬起头来看了看道信说：“这山里出家的和尚哪个不是修道人？”

道信说：“我是问有没有不读经的修道人。”

那和尚说：“此去山里十多里地，有一个不读经，也不念佛，更不做功课的懒汉法融，或许他就是你所说的那个修道人。”

道信于是继续向山里走去。在一棵古松下的巨石上，他见到了那个正呼呼大睡的人。道信用禅杖在石上震了几下，那人醒了，说：“何人惊动我的酣梦？”

道信说：“你就是法融吗，都说你是一个懒汉，真正是没有冤枉了你。”

法融睁开眼来，说：“你说这种话，说明你才是一个真正的懒汉。你知道我在这里是怎样日夜用功的吗？”

“那么，你在用什么功呢？”

“我在观察我的心。”

道信说："谁在观察？观察到的心是什么样的？"

法融一时就说不出话来，于是，他从巨石上跳下来，连忙向道信施礼说："知道你是谁了，我早就在这儿等你了。我们去吧。"

二人一直就这样往前走着，忽然，一只猛虎跃到二人的面前，猛虎大吼一声，然后却乖顺地在二人的面前伏下身来。

法融说："你看到了吧，我们这里还有这个在。"

道信说："这个又是什么呢？"

法融又答不上来，于是，道信在一个大石上写了一个大大的"佛"字，看着法融惊愕的样子，道信于是说："还有这个在啊。"法融于是豁然领悟。

道信说："世上万事万物，都不离那颗心，一切烦恼，本来就无曾有过，一切因果，都不过是人的幻影。谁也没有捆缚你，所以也用不着求什么解脱，人的本性原本是空寂的，所以也用不着费心地去寻找所谓的觉悟。不思量，不运作，不贪也不恨，不思善也不思恶，就让自己的心寂然不动，那么，行住坐卧都是妙用，快乐无忧，那就是佛了。"

法融说："可是，一颗冥顽的心总是在动，怎样能看住它呢？"

道信说："任由它动，不强行分别，不强行抑制，随心而动，一直就这样，心也就不动了。"

法融终于开悟了，于是，他随口吟了一首偈子以求道信的印契。

法融说："恰恰用心时，恰恰无心用。是心恰恰用，常用恰恰无。今说无心处，不与有心殊。"

道信知道他明白了，但是道信又说："我已将衣钵传于弘忍，你与弘忍有着同样的智慧，你可另立宗派，就称牛头宗吧。"

清代线刻图：《三十二世牛头山法融禅师》。法融（594—657年），是早期禅宗宗派牛头禅派的创始人，俗姓韦，润州延陵（江苏丹阳县延陵镇）人，19岁（612年）投句容茅山落发出家，后入牛头山北岩石室静修，受禅宗四祖道信印可为牛头禅初祖。

清代线刻图：《三十三世牛头智岩禅师》。智岩（600—677年），本姓华，丹阳人，唐代高僧，为牛头宗第二祖。

智岩会见旧友

牛头宗的创立者法融的第一个弟子是智岩。

智岩身长七尺，力大无比，原是隋朝的一名军人。一生中征战无数，屡立战功，后官升至三品将军。唐王朝建立后，智岩忽然弃下官服，遁入空门，落发为僧，让他的同僚们惊叹不已。年过40的智岩知道自己已生命过半，时光不再，于是，他来到一座深山，长年禅坐于一个山岩之上，思索着生命本来的意义。

智岩端坐在一块大石上，似乎就与那尊巨石化为了一体。山洪暴发了，汹涌澎湃的洪水自山顶猛兽一般冲下来，智岩不为所动，于是，山洪从他的身边绕过去了；山中的猛兽似乎并不习惯于他强劲的生命气息，一只只猛虎和山兽们扑下山来，但是，在智岩巍然的身姿面前，猛虎和山兽们一只只地退却了。又过了些日子，那些山兽自动地围绕在智岩的身旁，它们把从附近山上采来的野果和薯根等恭敬地放在智岩的面前。

所有的这一幕，被一个进山的猎人一一地看在了眼里，猎人觉得，智岩是他几十年艰难时世中从未见过的人物，这个人物从此改变了他的人生态度，于是，这猎人做了智岩的弟子。

智岩的消息传到了山外，传到了很远的地方，当然也传到了他的同僚们的耳里。同僚们对他的遁入空门本就很不理解，现在听说智岩像一个山人一般生活在荒莽的山野里，过着野兽一样的生活，觉得真是不可思议，于是，几个同僚决定进山去看看智岩。

正如他们不断听来的传言一样，这位过去的将军穿着破烂的衣袍，端坐在巨大的石头上，就像是一尊坚硬的雕塑。

见到过去的同僚，智岩似乎并不显得格外的激动，他只是请他的同僚们和他一起端坐在那尊巨大的石头上，用山泉和野兽们进贡来的野果招待他们。

虽然他们过去曾有过极好的交情，但是，现在他们却成了陌路之人。过去的同僚们说：“将军，你为什么要过这种野兽般的生活？”

智岩反问他们说：“你们为什么要过那样行尸走肉一般的生活？”

“我们住着高广大府，吃着山珍海味，四周美女如云，享受着永远也享受不尽的荣华富贵，这正是我们年轻时的追求，这有什么不好吗？”

智岩用手在空中划了一轮说：“你看，我与这山野同在，与山野共同呼吸着这芬芳的气息，我在这自由的天地里思索着生命原本的意义，这有什么不好吗？”

同僚们原本是来劝说智岩放弃这种生活，回到他的将军府中去的。现在，他们知道这不过是他们的一厢情愿罢了，于是生气地说：“你真是疯了啊，竟然对这样的生活情有独钟，真是令人同情啊。”

智岩说：“是的，我曾经疯过，但是，我及时地醒悟过来了，可是，你们一直就生活在疯癫的状态之中而不能自拔，该令人同情的是你们啊。我倒是奉劝你们及早放弃那样的生活，认真思索人生的大义，否则，真如同行尸走肉啊。”

同僚们知道再无对话的必要了，于是一个个叹息而去。

万古长空，一朝风月

皖国舒州天柱山，古时为汉武帝封岳的所在，故又称古南岳。天柱山山高林密，经年白云缭绕，自古就是修道者的天堂。

唐开元年间，一个叫崇慧的僧人来到天柱山结茅安禅。关于崇慧，知道他来历的人并不是很多，只知道他俗姓陈，四川彭县一带的人，出生在书香门弟，13岁就中了秀才。就在家人盼着他金榜题名，一朝成名天下知的时候，18岁这一年，他却突然于一天清晨从家里不辞而别，从而不知去向。很多年后家人才得知，他已在南京牛头山参牛头五世智威做了和尚。

很多年前，自从僧璨接受了二祖慧可的衣钵，在天柱山创立三祖道场之后，天柱山便成了中国禅宗的一个重要的发祥地。牛头宗的创立者法融的禅法曾经得到四祖道信的印契，崇慧从牛头五世智威处得法后不久，即来到了天柱山结茅安禅，据说他在此一住就是22年。

有一天，一位当地的士大夫前来向他请教。士大夫说："尊敬的禅师，据说你在天柱山修道已近20年了，你那么喜欢天柱山，可以请问你，天柱山的境界是什么吗？"

崇慧用手指了指不远处那被白云缭绕着的山峰说："主薄山高难见日，玉镜峰前易晓人。"

那士大夫顺着崇慧的手向那两座山峰看了看，似乎也就明白了崇慧对天柱山的情感所在了。

又有一天，一个和尚来到崇慧居住的茅棚前，和尚是来问法的。和尚说："师父，我总是在思考着一个问题，都说禅是达摩禅师从西竺带来的，那么，达摩未来时，禅有是未有呢？"

崇慧知道，这又是一个被无数的理念弄得不知所以的僧人，于是，崇慧以他惯用的手法开启着这位和尚说："你为什么要对达摩的事那么感兴趣呢，你为什么不问问自己的事呢？"

禅，只是一种智慧，或者说是一种开启智慧的方法，这与达摩有什么关系呢。可这位和尚整天思考着达摩的事，达摩，成了他精神世界的一柄枷锁和镣铐，因而使得他无法去感受自己活泼而灵动的心。

安徽安庆市天柱山风景：禅宗三祖僧璨到天柱山后，曾在这里大弘佛法，使禅宗逐渐兴盛。

“呵，师父，我还是不懂啊！”那可怜的和尚说。

崇慧抬起头看了看那洁净无染的天空，远处，一片如絮的白云正悠悠向这边集结，这白云变幻着种种形状，让人产生种种联想。这万古长空，是从何时而始，又将从何时而终呢？崇慧忽然感叹一声，说：“万古长空，一朝风月。”

那可怜的和尚仍是处在懵懂的状态之中，崇慧说：“懂了吗？”

和尚回答说：“还是不懂啊。”

崇慧有些气恼，殊知禅是不立文字的，任何智慧都是无法从师而教的啊。于是，崇慧只好说：“这天空，这太阳，这月亮，还有这飘飞的白云，那是从来就有的啊，这与他达摩老头儿有什么关系呢？你为什么不肯用自己的心去思索这天空，这皓月，这白云和太阳呢？可怜的人，我该怎样去说你啊。”

那和尚似乎仍不明白，从来的禅师都是一张口便是达摩如何如何，达摩是禅的祖师啊！

“师父，你不可以这样贬低达摩祖师吧，他毕竟是禅的祖师啊，怎么说和他没有关系呢？”

崇慧说：“没想到达摩这老头儿害了这么多人，这老头儿来到中国，不过是像一个摆卦占卜的汉子，见到你这样什么也不明白的人，他只好为你锥破卦文，说你东，说你西。但是，吉也罢，凶也罢，那都是你自己的事啊，他能代替你吗？”

那和尚终于明白了，欢欢喜喜地走了。

799年，崇慧意识到自己将不久于人世，他把所有的僧人都召集到面前说：“你们跟随我许多年了，我实在不知道你们修行得究竟如何了，趁着我这老头儿还在世，你们有什么问题就尽管问吧，等到我去了另一个地方，你们想问也问不着了。”

崇慧的话，让弟子们顿感悲泣，法堂里很长时间处在一片沉默之中。终于，有一个弟子说：“在天柱山住了许多年，受到师父许多的教诲，可是，直到今天，我还是不知道天柱山的家风是什么。”

崇慧习惯地用手朝天空挥了挥说：“时有白云来闭户，更无风月四山流。”

参禅

参禅是指在修行中，修行者通过进入禅定状态，来反究内心、觅求心性，期求明心见性，获得证悟。

“师父，那些死掉的和尚都去了哪里了呢？”

崇慧笑笑说：“潜岳峰高长积翠，舒江明月色光辉。”

又有人问：“师父，我们总是听说遥远的古佛，可是，为什么佛总是不肯显现当前呢？”

“正因为你不明白这些，所以才不能显现。如果你明白了，还要佛干什么？”

“尊敬的师父啊，刚才我的师弟问到古佛的事，你回答得多么巧妙啊，那么，可以请问你，自释迦佛以来的诸佛菩萨，究竟都向人们说了些什么，可以用一句话总结吗？”

崇慧说：“又来了，你应该明白，我们现在说了些什么，他们就说了些什么。为什么总是执著于古佛圣贤而不注重你自己当前呢？”

“修道人的道究竟是什么？”

“白云覆青嶂，蜂鸟步庭前。”

一位弟子说：“师父，在这样的时刻，弟子真是后悔过去没好好听师父说法啊，那么，还是请师父把我们教门中的事情再讲给我们听听好吗？”

崇慧说：“其实，我从来也没有向你们讲过什么。如果现在让我再给你们讲什么，我仍是无话可说啊。石牛长吼真空外，木马嘶时月隐山。”

“师父，您一生对他人有用之用多着呐，能用一句话来总结吗？”

崇慧说：“一雨普润，千山秀色。”

“师父，怎样才算是真正的天柱山人？”

“独步千峰外，优游九曲泉。”

第二天，崇慧坐在法座上圆寂了。这时候，天空洁净明朗，一只青鸟鸣叫着从头顶掠过。弟子们知道，他们的老师现在去了哪里了。

本净舌战群僧

天宝三年（744年），一位朝廷的使者来到江淮之间的司空山麓，他是为玄宗皇帝采集一种叫作“长春藤”的中药而来的。在这样一座人迹罕至的深山，在一座破烂的茅棚里，中使大人却意外地发现了一位叫做本净的和尚。

本净的威仪和谈吐立即让这位使者对他刮目相看，中使大人断定，他所见到的，定然是一位难得的高僧。

“尊敬的禅师，弟子虽然混迹于俗世，但是，对于生死大事，弟子还是略知一二的。这些年来，弟子一直非常仰慕佛道，请和尚发慈悲之心，为弟子指点迷津，救度弟子出离生死苦海。”

本净说：“大夫来自京城，那可是帝王之地，当今佛门大德们都集中在那里，你应当向他们问道啊。拙僧又老又病，毫无知识见解可言。”

在中使大人一再地施礼请求下，本净说：“请问您是来求佛呢，还是来问道。如果是来求佛，殊知本心就是佛，只须回到你的本性上去，就会知道，自心清净即是佛。如果是问道，殊知无心便是道。”

似解非解的中使大人听了本净的解说，觉得十分新鲜，因为在京城，那些受到皇上宠爱的僧人所宣扬的不过是如何持戒，如何忍辱，如何布施，如何苦行，而这位与山兽为伴的僧人却认为那一切不过是骗人的把戏，而真正的禅是人心里的自我解脱，是人对自己的解放等等。

“今天和尚一番高论，真正是让弟子如梦方醒啊。”中使大人感慨地说，“如此看来，以前的功夫真是白费了。”

于是，使者将山里所遇秉报于当今皇上。因此，“锁在深山人未识”的禅师开始走出他幽居的山林，走向京城。在皇帝的金銮殿上，无数当今的名僧为维护传统的佛教地位而与来自山野的本净展开了一场唇枪舌剑的较量。

来自中国第一寺河南白马寺的僧人首先向本净发难：“禅师你说无心是道，既然无心，佛有心吗？”

本净说：“山僧我认为，所谓佛，只是人们对智慧的虚妄的称呼，道当然也是如此，二者都是不实的，又哪里有心可言。”

一位僧人指着那幅高高悬挂的金绣佛像说：“大胆山僧，你怎敢称佛是无心的呢？”

本净笑了笑说：“你所指的不是佛，而是释迦牟

唐玄宗像：唐玄宗李隆基（685—762年）。唐代的中兴君主，睿宗的第三子。玄宗在位43年，死后庙号玄宗。在位期间，唐玄宗对佛教、道教等采用了限制与利用比重的策略。

麟德殿复原模型：盛唐时期，著名高僧大德一般都是在麟德殿会见唐朝皇帝。摄于陕西西安大明宫国家遗址公园。

尼。二者本不是一回事。所谓佛，不过是人们对智慧的一种虚妄的假设罢了。你连这个也不懂吗？”

一位叫惠真的和尚连忙出来打圆场道：“佛与道就算像你所说的是一种虚妄的假设，那么，当初又是谁来设立这一名称的呢？显然，那设立者就是释迦牟尼，既然有设立者，您怎么能说他是无心的呢？”

本净说：“佛也罢，道也好，那是永恒存在的，它不以释迦牟尼的产生而产生，不由释迦牟尼的消失而消失。”

又一位高僧说：“如果佛与道都是虚妄假设的名称，那么，十二部经典应该是真实不虚的了吧。从前的高僧大德们可都是代代相承，以经典为依据来修道的啊，你能说那都是虚妄的吗？”

本净说：“是的，十二部经典都是符合道的。但是大德您理解错了。如果一个人违背了道而去修习经典，那结果会是怎样的呢？殊知道本来无须修习，但是你们这些高僧们却执意去进行什么修习；道本来无须作为，可是你们这些高僧们却无端地生出许多事来，正所谓天下本无事，庸者自扰之；道本来无须做什么，可高僧们却偏偏整天忙忙碌碌。可怜啊。当初释迦牟尼创立佛教，正是要人们摆脱各种心的羁绊，做一个快乐无双的人，可高僧却整天被一些名利上的事弄得昏昏然，这不是违背了道吗？”

群僧们一个个哑口无言，默默地坐在那里不知所为。本净于是又随口念了一首偈子：

道的本体无须修，不修自然符合道；如果产生修道心，此人恰未理解道；清净本性抛一边，无事自忙闹浩浩；碰上所谓修道人，切勿与他打交道。

这场力克群雄的辩论一直持续了三天三夜，最后当然以本净的胜利而告结束。本净的胜利并不在于他力挫群僧，从而获得了玄宗赐予的“大晓禅师”的谥号，而是他在传统的佛教盛行于世的时候，以禅者的智慧和山僧的勇气向人们阐明了无数的禅师们经过几代人的努力所得出的真理：真正的解脱不在外界，而在自己的心上；人只有最终战胜了自己，他才能战胜一切。

一些佛教史的专家们特别看重荷泽神会在天宝四年（745年）的进京活动，认为这是禅宗史上的一件大事。其实，神会的进京，不过是为南宗的地位而来，他的到来，为南北两宗的长期对立营造了浓烈的火药气味。而本净的进京，才真正将禅宗的精神带到了喧闹的京城，从而使人们真正认识了禅宗的本质所在。从这个意义上来说，司空山为禅宗培育了最初的种子。

善慧为梁武帝说法

善慧年轻时被人们称作傻瓜，起因是一次他与同伴去河边钓鱼，好不容易钓到几条大鱼，善慧却将鱼笼沉入水底，并且对鱼儿说：“要走的就请走，要留的就请留。”同伴们见了，就说他真是傻瓜一个，同伴们还说，要不是傻瓜，谁会做出这样的事呢？

谁能想到，若干年后，善慧竟做了和尚，而且还是很大的和尚。当时的和尚，能给梁武帝说法的不是很多，善慧就是一个。史书上记载，善慧给梁武帝说的就是《金刚经》。

说起来，善慧在给梁武帝说法的时候，也曾有过一些留传千古的公案。

梁武帝是一个笃信佛教的皇帝，他曾告诉达摩祖师说，我一生斋僧供佛，建寺造塔，功德大否？达摩说，无有功德。这也许是梁武帝与达摩的第一次、也是最后一次交往。可惜梁武帝失去了与达摩进一步交往的机会，这怪谁呢？

梁武帝后来的皇宫里就不时出入一些高僧，善慧

梁武帝：梁武帝萧衍（464—549年），南朝梁的建立者。字叔达，小字练儿。祖籍江苏常州，出生在秣陵(南京)。曾任雍州刺史，举兵攻克建康，平定齐内乱，被封为梁王。齐中兴二年(502年)，齐和帝禅位于萧衍。即帝位，国号梁，是为梁武帝。

就是其中之一。那一天梁武帝在皇宫的法堂里恭恭敬敬地坐好了，就等着善慧给他讲法。只见善慧走上堂来，将戒尺在桌上猛力一拍，接着就走下法座，当时惊得梁武帝半天也回不过神来。这时善慧的供奉僧恭敬地走到梁武帝的身边，悄声地说："陛下领会吗？"

梁武帝又怎么能领会呢？"不领会。"梁武帝没好气地说。

"大士讲经完毕。"供奉僧说。

梁武帝接受与达摩祖师"不契"的教训，知道这可能就是禅宗僧人的特别的禅意，不仅没有怪罪善慧，反而对善慧更加恭敬。

又到了下一次，那一天善慧在大爱敬寺给数千僧众讲经，正讲到热闹处，不想梁武帝来了。全体僧众立即起身站立，向梁武帝恭敬合掌致敬，唯有善慧端坐于法座上巍然不动。梁武帝倒也没有什么，皇帝的那些侍臣不高兴了，说："圣驾到此，为何不起立？"

善慧依然端坐在法座上，说："替佛说法，法界共蒙，若法地骚动，一国将不得安宁。"

侍臣们无言以对，梁武帝连忙合掌说："甚有道理，是朕不请自到，惊动了法地，知罪，知罪。"

后来，善慧与梁武帝之间的关系越来越密切，善慧见梁武帝时，也就更毫无拘束了。

梁武帝在信奉佛教的同时，还信奉道教，一些游方道士便利用武帝的这一喜好装神弄鬼，欺骗梁武帝，甚至还不时发些攻击佛教的言论。一天早朝时，善慧穿着一件很破的百衲衣，戴着道士的冠冕，倒拖着鞋子就上朝了。文武百官们见他来了，都奇怪这和尚今天为什么也来上朝，再看看他那一身打扮，便都明白善慧上朝的意图了，于是都为他捏一把汗。

梁武帝见了善慧一身滑稽的打扮，禁不住笑了。

梁武帝说："是僧人吗？"

善慧指指道冠，点了点头。

梁武帝又问："是道士吗？"

善慧又指了指身上的百衲衣。

"是俗民吗？"

善慧又指了指脚上倒拖着的鞋子。于是，梁武帝立刻就明白善慧今天上朝的意图了。善慧是讽喻他僧不僧，道不道，长此以往，国势必将衰退呢。

善慧临终时作一偈曰：

夜夜抱佛眠，朝朝还共起。
起坐镇相随，语默同居止。
纤毫不相离，如身影相似。
欲识佛去处，只这语声是。

放开捏拢全在我

睦州（浙江省内）的陈尊宿到底是僧还是俗？谁也说不清。因为他一会儿在寺里做住持，一会儿又穿着在家人的衣服，在城外的大路旁叫卖着自己编制的草鞋。以至于有人干脆就叫他陈草鞋。

说起陈尊宿的草鞋，睦州的人大多能说出一两个故事来。说有一次他正在路边编草鞋，这时来了一伙土匪正抢劫行路人的财物，陈尊宿见了，挥起草鞋，三两下就将那些武装土匪打跑了。还有更玄的，说是唐代黄巢造反，打到睦州城外，眼看一城的人都要遭殃，陈尊宿便将草鞋一串挂在城门头上，黄巢见了，却怎么也摘不下来，黄巢说，城中有大圣人啊！于是便弃城而去。在寺里，陈尊宿也只是穿着自己的草鞋，有一次，他正在廊下站着，一个和尚走来问道："请问陈尊宿在哪里？"他很生气，明明看见我脚上的草鞋了，却还要一味去问，于是，他脱下草鞋就朝那人打了过去。

故事毕竟是故事，那不过是人们对一些奇人奇事的开心编排，以添茶余饭后的谈资。然而很少有人知道陈尊宿编草鞋的真正目的。原来他少年丧父，后来出家做了和尚，但家中仍有一个老娘。陈尊宿认为，自己已出家做了和尚，母亲还是母亲，他不能用寺里的钱来赡养母亲，便穿了俗家的衣服来到城外编草鞋赡养母亲。他说，做和尚是和尚相，做儿子是儿子相，二者的关系不能混了。这样的和尚，这样的人，无论古今，究竟是多还是少呢？

陈尊宿的年代，学佛的人真是多如牛毛，陈尊宿在睦州龙兴寺里，每天前来问法的学人踏破了山门。陈尊宿就告诉他们说，佛法无边，浩如烟海，你们须找到一个入口处，否则，老僧给你们讲上千遍万遍也是无济

清代线刻图：《三十八世睦州道明禅师》。道明禅师（780—877年），江南人，俗姓陈，居睦州龙兴寺，唐代高僧，黄檗希运禅师的弟子，又称道踪。

于事。陈尊宿的意思是让学人须在内心认真地省悟，别指望别人给你指点迷津，当即你就得悟了。一个僧人为表示已理解了师父的话，便站起来说：“请师父放心，我决不会辜负师父。”陈尊宿说：“你已经辜负老僧了啊。”

陈尊宿有一次对他的弟子们说：“我在这里住了很久了，从来没看见一个没事的人到我这儿来。”其实，他的意思很明确，但偏偏有弟子不理解他的话，有一个僧人便向他走来，欲询问什么。陈尊宿便说：“你自己出门去，挨二十棒再来。”僧人不理解，强辩说：“师父，我错在哪儿了？”陈尊宿便说：“你是枷上又落锁。”向别人问佛的人，永远也得不到佛，这不是枷上加锁又是什么呢？

像一切禅宗的大师们一样，陈尊宿主张自性是佛，反对向外寻求。禅宗是不立文字的，所以陈尊宿反对那些以经教作为行为指南的教条主义者。如果看到某个讲经的和尚，陈尊宿总是表现出一种很蔑视的态度，他会走上前去，突然大喊一声那经师的名字，等到人家应声而应，他就说：“这挑担子的家伙，不如给我担水去。”是啊，如果一个人心里只认经籍，以至成了沉重的负担，这样下去，又如何解脱？依陈尊宿的意见，不如就此挑水去。

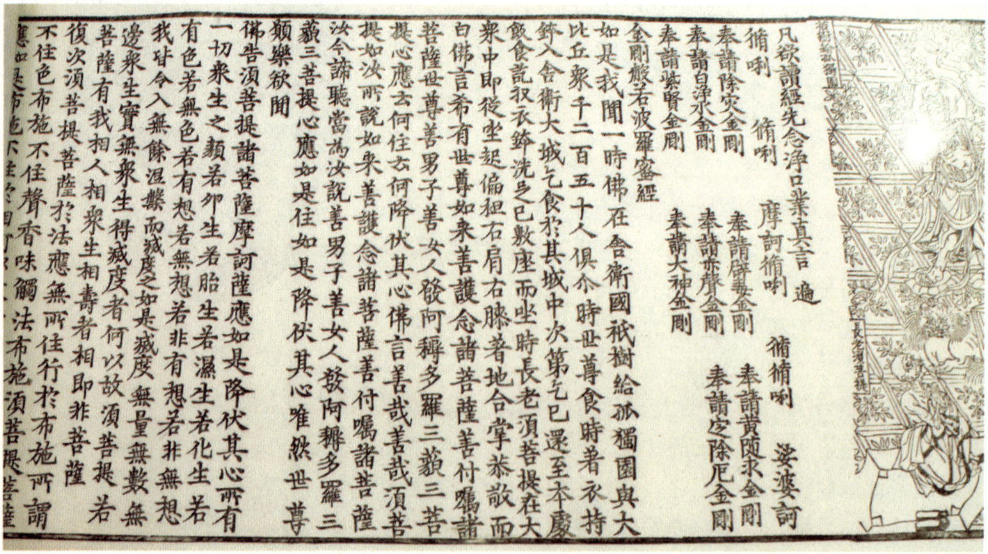
凡欲讀經先念淨口業真言 遍
脩唎 脩唎 摩訶脩唎 脩脩唎 娑婆訶
奉請除災金剛 奉請辟毒金剛 奉請黄隨求金剛
奉請白淨水金剛 奉請赤聲金剛 奉請定除厄金剛
奉請紫賢金剛 奉請大神金剛
金剛般若波羅蜜經
如是我聞一時佛在舍衛國祇樹給孤獨園與大
比丘衆千二百五十人俱介時世尊食時著衣持
鉢入舍衛大城乞食於其城中次第乞已還至本處
飯食訖収衣鉢洗足已敷座而坐時長老須菩提在大
衆中即從座起偏袒右肩右膝著地合掌恭敬而
白佛言希有世尊如來善護念諸菩薩善付囑諸
菩薩世尊善男子善女人發阿耨多羅三藐三菩
提心應云何住云何降伏其心佛言善哉善哉須菩
提如汝所說如來善護念諸菩薩善付囑諸菩薩
汝今諦聽當為汝說善男子善女人發阿耨多羅三
藐三菩提心應如是住如是降伏其心唯然世尊
願樂欲聞
佛告須菩提諸菩薩摩訶薩應如是降伏其心所有
一切衆生之類若卵生若胎生若濕生若化生若
有色若無色若有想若無想若非有想若非無想
我皆令入無餘涅槃而滅度之如是滅度無量無數無
邊衆生實無衆生得滅度者何以故須菩提若
菩薩有我相人相衆生相壽者相即非菩薩
復次須菩提菩薩於法應無所住行於布施所謂
不住色布施不住聲香味觸法布施須菩提菩薩

《金刚经》：江苏扬州雕版。《金刚经》，印于唐代咸通元年（860年）。《金刚经》是大乘佛教重要经典，也是中国禅宗所依据的一部重要经典。

他问一个讲经的和尚："你成天给人讲经，讲的什么经啊？"

那和尚回答说："《涅槃经》。"

"可以问一段意思吗？"

"当然可以了。"那僧人有几分得意地说。

陈尊宿这时就抬起脚朝空中踢了几下，接着问道："这是什么意思？"

那人傻眼了，说："经中没有这个啊！"

陈尊宿说："胡说八道，明明有，为什么说没有呢？"陈尊宿认为，连"踏破虚空"这样的成语都不明白，还死抱书本讲什么经呢？

一个从浏阳来的僧人拜访陈尊宿，陈尊宿便问他："你从浏阳来，那儿的大师们怎样给你们讲佛法的？"

那个和尚便把大师们的话复述了一遍，话刚落音，陈尊宿便扬起草鞋打了过来，嘴里骂道："你这个只会说话的家伙！"

一个书法家来拜见陈尊宿，书法家一开始就说得天花乱坠，自称自己能写二十四家书法，在这个城里堪称第一。陈尊宿用禅杖在空中点了一点，问："这是什么？"秀才不知其意，只是惘然地看着陈尊宿，陈尊宿说："还说会二十四家书法呢，连最普通的永字八法也不知道。"陈尊宿就是要打下那个所谓书法家的傲气，让他知道，不管什么人，总还有知识不到的地方。

陈尊宿在法堂上讲得最多的就是：一个人要拿得起，放得下，捏拢在我，放开也在我。

有人不明白他的意思，更不知道何样才是捏拢，何样才是放开，便问道："什么是放开呢？"

陈尊宿说："不管三九二十七，菩提涅槃，真如解脱，心就是佛。"的确，这是佛的最高境界，非放下一切的人不能达到此种境界。

僧人又问："那么，什么是捏拢呢？"

陈尊宿便收回手，规规矩矩地坐在那里。

奇怪的是，陈尊宿反对别人看经，但他有时也在看经。在一次他正在看经，弟子问道："师父在看什么经？"

回答说："《金刚经》。"

此人真可谓书生一个，于是问：“这是什么时候的译本？”

陈尊宿便举起经书说了一句经中的偈言：“一切有为法，如梦幻泡影。”

陈尊宿在世上活了98个年头，他漫长而奇特的一生为世人留下许多的拷问。到了最后的一天，他将弟子们召到跟前说：“我与这世界的缘份已尽，我该走了。”于是便双脚一盘，在他的法座上圆寂了。

一宿觉和尚

自从六祖慧能在曹溪开宗演法以来，几乎每天都有人前来向慧能问法。一般说来，这些人大多数都能得到最终的悟解，只是时间长短不一罢了。长则几年甚至十几年，短则几日，甚至一夜之间就悟解开的。玄觉就被人称为“一宿觉和尚”，可以说，他是慧能门下得到悟解时间最短的和尚。

清代线刻图：《三十四世永嘉玄觉禅师》。玄觉禅师（665—713年），唐代僧。浙江永嘉人，俗姓戴。字明道。号永嘉玄觉。

玄觉俗姓戴，浙江永嘉人，很小的时候，就与其兄一同出家，开始是学习天台教观，觉得不能解决人生的大事，当从南方传来慧能的顿悟之法后，玄觉立即前往广东韶州曹溪宝林寺。

玄觉走了半年之久，终于来到韶州曹溪宝林寺。当时他十分疲倦，手持一根锡杖，一副灰头土脸。及至见到慧能，玄觉立刻就来了精神，然而他并不礼拜，只见他握着锡杖，绕着慧能的禅床走了三圈，然后就笔直地站在那里，等待慧能的发话。

慧能简单地问了几句话后又说：“身为一个出家人，应当俱备三千威仪和八万细行，上座你是从哪里来，怎么一副这种模样？”

玄觉仍然笔直地站在那里，说：“生死是大事，变化很迅速，其他一切都不重要。”

慧能说：“既然这样，那为什么不去领会无生无来的法旨，不去领会无速无慢的道理呢？”

当时堂上有许多各路来的僧侣，大家都望着玄觉，看这个浙江来的和尚是否能接上六祖的禅机，看他到底能否得到最终的悟解。玄觉不慌不忙地说：“领会本身就是无生无灭，了悟本来无速无慢。”

对于这样的回答，完全是出乎在场人的意料的，大家没有一个不觉得惊讶。

慧能点了点头说："是这样，是这样。"慧能说出这句话，就算是肯定了，也就算是印证了玄觉的禅悟对路了。

玄觉听到六祖这样肯定他，这才认真地拜倒在慧能的座下，然后就收拾起行李单具准备回程。

六祖说："也回去得太快了吧。"

玄觉说："本来就没有动过，怎么说得上太快或太慢呢？"

六祖说："谁能证明你没有动过呢？"

玄觉不甘示弱地说："禅师你怎么能人为地划分动过或没有动过呢？这不是执著是什么？"

六祖又一次赞同地说："不错啊，你很懂得无生无灭的道理。"

玄觉立即又说："无生无灭难道还有道理可言吗？"

六祖说："无道理有道理怎样区别呢？"

"区别也不是什么道理。"

从来没有人这样顶撞过六祖，六祖也从来没有这样一连声地赞同一个刚来的求法者。在场的人们都知道，这个叫玄觉的和尚，将来一定是不得了啊。

玄觉已经走出了法堂，六祖在后面叫着说："妙啊，妙啊，小住一宿再走不好吗？"

于是，玄觉就在宝林寺小住了一宿，后人便称其为"一宿觉和尚"。

芥子纳须弥

马祖道一门下的弟子上千，而真正得法的弟子约84人，智常便是其中的一个。

有一天，智常与普愿相约一同行脚，由于二人志趣不同，走到半途，相互告别，各奔东西。正好遇到路边一茶摊，普愿说："喝过茶再走吧。"于是二人坐下喝茶。

普愿当时刚参在马祖的门下，还属于一个愣头青的和尚。普愿首先将一碗茶恭敬地递到智常的面前，一边依依惜别地说："从前一直与师兄在一起，彼此的语言都习惯了，现在我们将各奔东西，今后若是有人再问起法来，真不知该如何应对才好。"

智常指着他们歇脚的所在说："这一块好地方，极适宜筑寺呢。"智常是说，你还早呢，你还得好好就地修学，现在还不是向人说法的时候。

然而年轻的普愿并不领会智常的启示，于是仍执著地说："筑寺的事暂且不提，我们还是先谈谈悟道的大事吧。"

道本无所谓悟，道也并非因悟而出，智常一听这话，立即就掀翻茶桌，一壶好茶顿时滴水不剩。普愿有些恼火，说："师兄已经喝过了，而我还没有喝呢。"

智常说："说这样话的人，将来也是滴水难消。"

普愿似有所悟，于是重新拾起茶炊，再灌满一壶水，架在火上烧了起来。

智常不久来到庐山归宗寺，并在那里接引学人。然而，令很多人失望的是，智常决不给人升堂说法。有一次，一个僧人向他问道："如何是佛法的玄妙意旨呢？请和尚开示。"

智常说："这个问题没有人能够领会。"

僧人说："对佛法非常向往的人也许能领会吧。"

智常说："如果是那样，就背道而驰了。"

僧人似有所悟，便说："我懂了，佛法不可向往。"

"不向往，谁又能领会佛法的玄妙意旨呢？"智常反问他说。看着那可怜的僧人不知所然的神情，智常不耐烦地说："去吧，没有你用心的地方。"智常觉得，总有一天，他会明白，佛法无所谓向往，无所谓不向往。动静皆自然，佛法尽在清净自然之中。

僧人无法领会他的意思，于是决定下山另投他师。智常问他："你要去哪里？"

僧人说："地方倒也没有确定，只想到各处禅林去学五味之禅。"

智常说："那你去吧，可惜我这里只有一味禅。"

僧人升起新的希望，问：“什么是一味禅呢，能否方便一说？”

智常举起禅杖就朝他打去。僧人立即就说：“我懂了，我懂了。”智常知道他并不真懂，接着又朝他打去，僧人赶紧抱着脑袋逃走了。

广东韶关南华寺藏经阁：藏经阁，顾名思义，指收藏佛教经典的地方。南华寺藏经阁中的佛经多为历代皇帝所赐，十分珍贵。

僧人来到黄檗希运禅师那里，把在智常处参学和挨打的经过原原本本地告诉了希运，希运说：“马祖八十四位弟子，但凡回答有道禅师问话时，一般都是软绵绵的，唯有智常不一般些。”僧人开始意识到，不是智常无法传他，而是他自己没有智慧。

江州刺史李渤一直仰慕智常的禅法，一天终于来到庐山归宗寺。李渤说：“佛经中说‘巨大的须弥山可以容纳一粒芥菜子’这话我能够理解，可是，要说‘芥子纳须弥’我就不能理解了。请问大师，这可能是无知邪说吧。”

智常反问他说：“刺史从小至今读书多吗？”

李渤不无自豪地说：“虽不敢说读万卷之书，但也差不离了。”

智常便说：“那些书呢？”

“全消化在肚子里啊。”

“我看刺史从头到脚不过椰子般大小，万卷之书怎能装进肚里去了呢？”

李渤一下子就明白了。

慧忠虚空不眨眼

贞观之治，使唐王朝出现自隋以来的“大唐盛世”。与此相应的则是唐王朝经济、文化和宗教各方面大繁荣的局面。而中国禅宗，也正是在这一开放时期得到全面兴盛。

慧忠和尚是直接从六祖慧能处得法的高僧，玄宗即位后的开元年间，慧忠被赐为南阳国师，并应诏入京，受到玄宗亲自接见的礼遇。

玄宗的第三个儿子肃宗即位不久，同样继承父亲崇佛的传统，对佛教给予更多的扶持和利用。肃宗即位不久，即下诏接见慧忠南阳国师。为了这次接见，肃宗做了认真的准备，他让人绘制了一幅国师的画像悬挂在宫殿的一侧，并且为国师准备了丰盛的素宴。

当万事俱备，专等慧忠前来之时，却久久不见国师的身影。直到午时已过，才听到太监们的呼喊："国师到！"远远地，一个伟岸身材的僧人身穿杏黄僧袍，像风一般飘然而至。肃宗禁不住叹道：果然仙风道骨，非同凡响，国有此师，运祚有酬啊。

慧忠走上殿来，朝皇上双手合十，略施一礼，便在专门赐于他的座位上坐定，接着便面含微笑，默然无语。这样的场面，不免使场面显得沉滞，肃宗也觉得有些尴尬，然而他知道自东晋慧远倡导"沙门不敬王者"以来，一般的高僧见到皇上都不礼拜已成惯例，于是也就不以为然。他希望与国师就一些问题展开讨论，如敦煌壁画的保养问题，如放宽僧人去西域求法的政策问题，还有如何防止僧人的私度问题等等。再看那慧忠，自走进宫殿，就一直端坐于钟，两眼一刻也没有正视自己。那种漠然的神情，像芒刺一般让肃宗极不自在。肃宗终于按捺不住心中的不快，说道："朕为一国天子，和尚为何不肯正眼看我？"

慧忠依然两眼平视，说："陛下看到眼前的虚空了吗？"

虚空者，即佛的境界，肃宗当然地说："看见了。"

"那么，陛下看到的虚空可曾对陛下眨一眨眼吗？"

肃宗无言以对。过了一会儿，肃宗又说："和尚您修的是什么法，可以方便一说吗？"

对于禅者来说，世间的一切都无有差别，是不二的，一即一切，一切即一，更何况是佛法，难道还有这种法或那种法吗？慧忠说："陛下看到天上的一片云了吗？"

"看见了。"肃宗说。

"陛下看到的一片云是什么样子，它是用钉子钉着的，还是悬空挂着的呢？"

肃宗终于意识到，佛法是自然的内心的体现，如果有一点人为的因素，佛法也就不是佛法了。慧忠就是这样以不卑不亢的姿态，以禅者的虚无和高洁来面对至高无上的皇帝陛下的。然而，慧忠不愧为一国之师，在这简短的一问一答中，却能让国主明白了佛法的真谛。

像一切禅者一样，慧忠从不直接回答对方的问题，而是用引导、暗示等方法启化对方的心智，让其在独立的思考中明白世间的道理。

那一年的十月，有几位专门讲经的论师来访问慧忠国师。几句问答之后，慧忠已知道这几位论师除了照搬佛经，实则是徒有虚名，慧忠突然把话题一转说："几位论师刚从城外来，城外的草是什么颜色？"

禅是心与心的交流，是"不立文字"的产物，果然，这几位朝廷用俸禄供养着的论师们无法接应慧忠的禅机，他们老老实实地回答说："黄色。"

慧忠当即将一个刚入佛门的小沙弥唤来问道："城外的草是什么颜色？"

小沙弥回答说："黄色。"

慧忠对那几位论师说："你看，各位论师能解三藏十二部经论，可是，你们的见解却与这刚入佛门的小沙弥是一样的啊。"

几位论师顿觉尴尬，其中的一位反问慧忠说："和尚看到城外的草是什么颜色？"

慧忠说："你看见天上的鸟了吗？"

论师们嘴角露出一丝不易觉察的讽笑说："和尚您说的更不沾边了。还是请和尚直接地回答我们问题

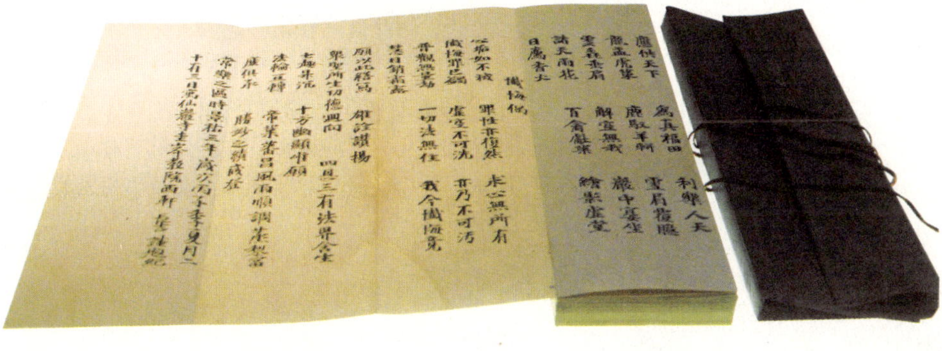

《大方广佛华严经普贤行愿品》：北宋，墨书作品，瑞安慧光塔出土。《华严经》，《大方广佛华严经》的略名。大方广为所证之法，佛为能证之人，证得大方广理之佛也，华严二字为喻此佛者。因位之万行如华，以此华庄严果地，故曰华严。又佛果地之万德如华，以此华庄严法身，故曰华严。

供养

梵语。又作供、供施、供给、打供。供养是指供食物、衣服等予佛法僧三宝、师长、父母、亡者等。供养最初以身体行为为主，后亦包含纯粹的精神供养，故有身分供养、心分供养之分。根据供养物种类、供养方法与供养对象等不同，又有二种供养、三种供养、三业供养、四种供养、四事供养、五种供养、十种供养等之分。

吧。”

慧忠突然叫道：“论师！”

论师们面面相觑，不知慧忠是在唤谁。慧忠见论师们还是不能理解，就说：“各位论师且先回去，等改日再来吧。”

论师们只得悻悻而去。到了第二天，几位论师们果然又来了，他们请求道：“希望和尚能对城外的草作一番解释，我们还是不能领悟。”

慧忠说：“领悟者，当下即能领悟，不能领悟者，解释也是没有用的。”慧忠的说法并没有错，禅是心与心的交汇，是无法用简单的语言来沟通的。

那几位论师开始发难，说：“以前的国师，从没有像您这样说话的，我们讨论起佛法来真是对接如流，从无停滞。”

慧忠说：“他们是师国，而我是国师，这就是我与他们的区别。”

其中的一位论师似早有准备，说：“我曾听说你们禅宗的高僧说过一句话，青青翠竹，尽是真如佛性，郁郁黄花，无非般若智慧。说这话的人认为这是微妙而深奥的智慧，但我们却不赞同这样的观点，如果真如佛性能体现在无情草木之中，那么我们人类不是人人尽可成佛了吗？”

慧忠说：“至高的菩萨们的境界，非一般凡夫小民所能够悟解的。各位不是熟知各种经论吗，应该记得《华严经》上就曾说过，‘佛性充满在万事万物之中，它广泛的呈现在一切众生之前，随着机缘而为，应一切机会而生，无不普遍而永恒地处在这菩提智慧之中。’翠竹既然在万事万物之中，怎么就不是佛性即真如本相呢？又如《摩诃般若经》上说，因为物界无边，所以般若智慧也无边。菊花既然在物界之内，怎么不是般若智慧呢？这样意义深广的话，论师们怎么就不领会呢？”

几位论师只得再次悻悻回寺。回去的路上，论师们沮丧地说：“我们这些论师，自认为对三藏十二部经论了如指掌，然而依他们禅宗看来，真是牛头不对马嘴啊。”

惟宽答白居易

唐元和四年（809年），京城长安又出了一件大事，应唐宪宗诏请，一个名叫惟宽的禅师来到长安，配住京城兴善寺里。于是，京城里的那些追星族们，一个个争往兴善寺去看惟宽和尚，想看看这位禅师到底是什么三头六臂。而那些公卿名流，更是趋之若鹜般地一批批来到兴善寺，向惟宽求法问道，把个平日门前冷落车马稀的兴善寺弄得热闹喧天。

惟宽身材高大，声如洪钟，难得的是，惟宽为人随和，决不同于其他的禅师，有人问道，他即传道，有人请去讲经，他即高兴前往，每到一处，都受到人们热烈的欢迎。一时间，惟宽成了京城里最大的名流。

在这些拜访的人中，有一位即是大诗人白居易。白居易与佛有缘，他自号香山居士，说自己“予栖心释梵，浪迹老庄”，他的传记也说自己“居易儒学之外，尤通释典”。他甚至还一本正经地拜了师父，师父即是禅宗马祖道一的弟子香山如满禅师。而他与浙江鸟窠禅师的交往更是成为文人士大夫酒后茶余的谈资。

白居易当然不同于一般的文人士大夫，与众多僧人的交往，使白居易觉得自己已不再是个一般的居士，而身为侍郎的白居易，也不再同于与鸟窠禅师交往的时期，这时的他于禅于佛，都有着更多的知解和领悟。

白居易的造访，更多的带有某种责难和挑战，因为同其他白居易熟悉的禅师相比，惟宽既没有怪诞的禅语，也没有隐于深山的经历。而他随处讲经，更是与禅宗所一向推崇的“不立文字”大相径庭。

交谈一开始就充满了火药味，白居易单刀直入地问道：“既然你身为禅师，为什么还要四处说法？”

惟宽说：“佛的最高智慧，显示于身为律，讲说于口为法，作用于心为禅。分别虽有三种，但却源于一辙，犹如江湖河泊，虽然各有自己的名称，但作为水的性质却是没有差别的。律就是法，法即是禅，侍郎为什么要在这里加以区别呢？”

白居易说：“既然没有区别，那人应当用什么来修心呢？是用律，是用法，或者是用禅呢？总该有一种方法吧。”

白居易（772—846年），字乐天，晚年又号香山居士，河南新郑（今郑州新郑）人，我国唐代伟大的现实主义诗人，中国文学史上负有盛名且影响深远的诗人和文学家。他的诗歌题材广泛，形式多样，语言平易通俗，有“诗魔”和“诗王”之称。官至翰林学士、左赞善大夫。有《白氏长庆集》传世，代表诗作有《长恨歌》、《卖炭翁》、《琵琶行》等。

惟宽笑道："侍郎差矣，此心本原本圆满，没有任何损伤，何必要修呢？殊知唯有不染不净，不思善不思恶，一切思念都没有，才是佛的境界。"

白居易说："禅师的话我不全懂，恶和污染当然不去思量，难道清净和善良也不思量吗？"

惟宽说："佛性本自清净，犹如人的眼睛，一点东西也不能存留，虽是金屑珍宝，若留在眼睛里会是什么感受？"

白居易沉思良久，终于不再言语。然而白居易的门客们似乎觉得不能满足，一位门客问道："依禅师认为，狗子有没有佛性呢？"

"有啊。"惟宽响亮地回答说。

"禅师有无佛性呢？"

"我没有佛性。"

白居易这时插进来说："一切众生皆有佛性，禅师怎么就没有佛性呢？"

惟宽说："因为我不是众生。"

"禅师既不是众生，那一定就是佛了。"

惟宽说："我不是佛。"

门客被惟宽的话弄得越发糊涂，于是便说："那你到底是个什么东西呢？"

"我不是东西。"惟宽说。

白居易似乎意识到门客的话太过激烈，于是便改换主题说："惟师既然什么也不是，那么，可以看到，可以思虑吗？"

惟宽说："思之不可得，议之不可识。"

"我明白了，"白居易说，"那就是不可思议了？"白居易知道，惟宽虽然极力否认自己，但惟宽所述说的，实际上就是佛的境界。

白居易与鸟窠禅师

道林禅师是牛头宗道钦的弟子。

道林7岁那一年，随父母第一次到一座寺庙里去烧香，当他一看见道钦禅师时，立即就吵着要跟师父出家做和尚。道钦禅师也很喜欢这个天然颖慧的孩子，征得他父母的同意，道林就来到寺庙里，跟随道钦禅师学习佛法。到了12岁那一年，师父才让道林正式剃度，21岁时正式接受具足大戒，从而成为一名僧人。

受戒后的道林一反常态，再也不肯住在寺庙里，他来到附近的一处树林里，在一棵高大的松树上搭上一座临时的棚子，从此那里就成了他修道的所在。远远看去，那棚子就像是一只巨大的鸟窠，于是，人们便又叫他鸟窠禅师。

唐元和年中（806—820年），大诗人白居易出任杭州太守。白居易的时代，正是唐代从盛时走向衰败的极端动荡时期，像这一时期的大多数知识分子一样，唯一能够抚慰白居易身心的，也许就是超越世俗的佛教了。晚年他的诗歌也总是带着一种悠悠禅意，如“极乐世界清凉土，无诸恶道及众苦；愿如我身老病者，同生无量寿佛所”。让人感觉这位以写平民诗而著称于世的大诗人那平静而高远的内心世界。

白居易在杭州到任不久，鸟窠禅师道林的故事便很快传到他的耳里，这位异行异迹的禅师的种种传说不能不激起诗人禅者白居易极大的兴趣。他知道，异人必有异相，越是生活异常之人，其内心世界越是比常人丰富得多。趁着一个闲暇之日，白居易带着几名随从，乘着几匹快马，不消半天，便来到道林禅师寄住的绍兴东南方向的秦望山。那山也不高，更不见奇，只是在山脚下有一片茂密的林子，林子里那些老松一棵棵虬枝蟠结，活似一条条苍龙出海。树林里幽风阵阵，百鸟和鸣，好一派禅者的意境。白居易的到来，惊动了一群栖息的野鹿，野鹿的奔跑，惊动了树上的鸟雀，于是，一座树林便立刻骚动起来。

在一棵古松下，白居易终于发现了道林禅师居住的“鸟窠”。它高踞于茂密的树冠上，果然是由一些枯枝落叶搭建而成，窠顶栖息着一群白色的大鸟，此时，那群白色的大鸟在空中盘旋着，发出惊悸的叫声。只听从那只鸟窠中发出一个苍劲的声音：“白舍人别来无恙？”

白居易觉得这声音好生熟悉，却又一时无法寻找这声音的来处，他在内心中寻思，难道与这位鸟窠禅师曾有过交往吗？为什么他要说“别来无恙”呢？

清代线刻图：《三十九世鸟窠道林禅师》。道林（741—824年），浙江富阳人，俗姓潘，唐代高僧，因在杭州秦望山修行时住在山中的松树上，因此有“鸟窠禅师”之称。

受戒

受戒，又作纳戒、禀戒，指通过一定之仪式，领受佛所制定之戒法。即遵守教团规定（戒、罚则）之行为。戒为无上菩提之本，而佛教之根本精神即在于戒律之尊严。然戒有大、小乘之别，大乘戒以梵网经所说之十重禁、四十八轻戒为始，及菩萨璎珞本业经、瑜伽师地论等所列之三聚净戒；小乘则有五戒、八戒、十戒、具足戒等戒相。于印度有五部之分，传入中国、日本后，即有大小乘之异论，乃至各宗亦常有不同之作法。

这时，从那鸟窠中探出一个脑袋，白居易终于断定，他之此生，从未与这位禅师发生过交道。但他知道，但凡禅者，其语言和行为都是不合常规的，或者是说，所谓的常规，往往不过是人们不符合禅道的陋习而已，唯有禅者，才能独辟蹊径，从这种世俗的生活中找到生活的真意。

“是道林禅师吗？”白居易双手合十，深深地向那鸟窠致意。

“呵，你是白家的儿子吗？”那树冠上的声音突然又显得陌生而唐突，顿时失去了先前的友好和温馨。

“是的，我姓白。”白居易答道。

“那么，你父亲姓什么？”

听着这样不合常理的问话，白居易的随从们不高兴了，世上哪有这样问话的呢？然而白居易却觉得，禅者的语言看似荒唐，但却是抛却传统的观念，从一个突兀之处让听者于猝不及防中思悟出别样的道理，这正是禅者的风范。

“姓什么是不重要的。”白居易说。

“那么，什么重要呢？”

“乐天早闻禅师的大名，今天特来拜访，是想请教禅师，什么是真正的佛法。”

树上的禅师忽然从袖子里抽出一根细纱，尔后将那根细纱示于白居易说：“我这里没有什么佛法，这个倒是有的。”

白居易一下子就明白了。禅师的意思是说，生活

《白居易拱谒·鸟窠指说》（局部）：《八高僧图卷》之三，绢本，设色，纵26.6厘米×横64.7厘米，南宋梁楷绘，中国上海博物馆藏。画中描绘白居易钱塘（今浙江杭州）拜见道林禅师，问道的情形。

中一丝一缕，哪一处没有佛的存在，何必特意追到这荒郊野林寻找佛法呢？

白居易此来的目的已经达到了，于是，他决定就此离去。然而他看了看那高居于树冠上的鸟窠，忽然就说：“禅师居在这样的地方，不觉得危险吗？”

那树上的声音说：“真正的危险不在这里，而在太守。”

白居易说：“弟子位居太守，镇守镇江，上有朝廷皇恩，下有百姓拥戴，危险从何而来？”

这时，那树上的声音声声锐利，震人耳鼓：“俗界缘业流转，交相煎逼，烦恼从未停止，太守哪一天不是在危险中度过，这还要问我吗？”

白居易被禅师说到心病上去了，便立即倒身在地，再三礼拜。

“实不相瞒，弟子虽然也久闻佛法，但三藏十二部玄奥无比，弟子至今不明什么是佛法大意，请禅师以一句话告之。”

禅师说：“诸恶莫作，众善奉行。”

白居易听后有些失望，不做恶事，多多行善，这是3岁的孩童也懂得的道理啊。

道林似乎已听到他内心的道白，说：“虽然是3岁的孩童都懂得的道理，但80岁的老人也未必能做到。太守做得又如何了呢？”

白居易站在树下久久沉思，终于恭敬礼退，说：“这真叫踏破铁鞋无觅处，得来全不费功夫。原来佛法的道理就在眼前，就在一点一滴的小事中啊。”

逢佛杀佛，逢祖杀祖

“德山棒，临济喝”，是禅宗中著名的公案。德山宣鉴教化人的方式除了打，便是骂，临济义玄除了骂，便是打。

若说二人骂人的水平，的确是够高的。德山曾骂过沩仰宗的开山祖灵佑，打过临济宗的开宗祖义玄，更骂过曹洞宗的开宗祖洞山良价。他骂洞山说，洞山老儿，不识好歹，这老汉死了多少日，救他有什么用？不仅骂他的弟子，更骂到佛祖释迦牟尼的身上，“老胡

（指释迦牟尼）现在何在？他活了80年死后，与你们大家有什么区别？”佛祖便如此轻贱，祖师又何在话下，遇到有弟子向他问“什么是祖师西来意”时，他便骂“向这老秃驴的口里要唾涕吃，如斯等辈，我德山老汉一见便似箭穿心般难受”。

德山的骂人，甚或是举棒即打，都是事出有因的。皆因当时的人们太相信经教了，他们总是拿经教作为教条，奉为圣祖，“太着相”了。其实，《金刚经》就说：“何以故，若菩萨有我相、人相、众生相、寿者相、则非菩萨。”如此看来，德山的“呵佛骂祖”，实在是大有意蕴的。

到了德山的弟子云门宗的创宗人文偃这一代，更是把“呵佛骂祖”提高到一个新的层次。文偃说：“（说什么）世尊初生下来时一手指天，一手指地，周行七步，目顾四方云：天上天下，唯我独尊。我当时若见，一棒打杀，好图个天下太平。”

临济宗的创门人临济义玄更是“呵佛骂祖”的能手。遇到前来问佛问祖的人，临济非打则骂。义玄说：“三乘教法的十二部经典，都是擦污浊的旧纸，佛是虚幻之身，祖师是老僧侣，你是娘生的是不是，你想求佛，就被佛魔抓住，你想求祖，就被祖魔抓住。”又说：“如果说佛是至极真理，为什么他80岁时在拘罗城双林树间侧卧着死去了呢？佛如今在哪里？显然他是和我们同样地有生有死。”

把至尊的佛骂到这种程度，可以说有着相当的水

雕版印刷的《金刚般若波罗蜜经》：唐懿宗咸通九年（868年）王玠为父母双亲祈福所印。现藏于中国印刷博物馆。

平了，然而临济仍不罢休，甚至到了“逢佛杀佛，逢祖杀祖”的地步。义玄说，各位同道，你们若想契合义理的见解，就别受别人（指佛或祖）的诳惑，要遇到佛就杀佛，遇到祖就杀祖，遇到罗汉杀罗汉，遇到父母就杀父母，遇到亲属就杀亲属，唯有这样，才能得到解脱，不拘泥于物相，超脱自在。

奇怪的是，那些听过无数次经教的人总是不能醒悟，而被德山打过之后立即也就悟了。

雪峰禅师去见德山，向他问到南泉斩猫的典故，“师乃打趁”，等到把雪峰从门里打到门外，却又立即唤他回来，问他说：“领会吗？”雪峰回答说：“不领会。”德山气恼地说：“我已经如此婆婆妈妈，你还不领会。”于是接着举棒就打。第二天，雪峰又来问：“以前宗门里的教义，我可以知道一些吗？”德山举棒又打。雪峰吓得跑了，但过一会儿又来问，德山打了他一棒后说：“我宗没有语句，没有一样东西可以给你。”雪峰终于领会了，一切不可向外驰求，佛性即在自性里面。

有位定上座前来问临济义玄：“什么是佛法大意？”义玄走下禅床，猛不防打了对方一个巴掌，接着就将他猛力地推开去。定上座怔了好一会儿，终于醒悟过来，赶紧礼拜。

龙牙和尚问义玄：“如何是祖师西来之意？”义玄说，替我把那根禅板拿过来。龙牙不知何意，便替他将那禅板拿过来，义玄接过来就打龙牙。龙牙挨了打，反而嘴更硬，说：“打就任你打，但你这里没有祖师西来之意。”

倒立而逝邓隐峰

世上有没有倒立而逝的人？有，那便是唐元和年间的一位僧人邓隐峰。

隐峰，邵武（今福建省内）人，俗姓邓，出家后人们仍是习惯称他邓隐峰。邓隐峰一生居无定所，四处参学。最初是在江西马祖道一处参悟，后又来到石头希迁所在的湖南南岳向石头和尚问法。

隐峰曾几次遭到被人称为“石头路滑”的石头和

湖南衡山南台寺：唐天宝初年（742年），石头希迁和尚来到南台寺修禅；至广德二年（764年），才离开此处。

尚的诘难，然而隐峰仍不气馁，仍然一次次地来到石头和尚处问法。

隐峰问："请问和尚，怎样做才符合于道？"

石头回答说："我也不合道，别问我。"

隐峰再三问之，石头便说："你个东西在你身上已有多时了，为什么三番五次地前来问我？烦不烦你？"隐峰一下子就明白了，原来道即在自身，人人即有，何必外求。

有一天，隐峰与石头和尚一起在南台寺山门前铲除杂草，石头和尚的动作飞快，而隐峰则在石头的左侧叉手而立，似在欣赏师父的动作，好从中领悟什么不曾领悟的要旨。石头飞过铲子在隐峰的面前铲去一棵杂草，动作之快，让人目不暇接。隐峰说："和尚原来只会这个，却不会那个。"

石头提起铲子，隐峰便一把接过铲子做出铲草的姿态，石头说："你只会那个，却不会这个。"隐峰无言以对。

隐峰后来还是回到马祖道一处。有一次，隐峰推着一辆车从坡上下来，这时马祖正大伸着双脚在路边休息，隐峰远远地喊道："请老和尚把脚收一收，我的车子过来了。"

马祖说："既已伸开，就不收回来。"

隐峰说："既已前进，就不后退。"于是就将车子推了过去。马祖躲闪不及，脚当即就被车子碾伤了。

晚上上堂的时候，马祖举着斧子恶狠狠地说：

“下午碾伤老汉脚的人站起来！”

隐峰就迎着斧头走了过去，并向马祖伸长了脖子。当然，马祖并不真地要用斧头去砍他，老和尚呵呵地笑着就下堂去了。看得出，马祖对这位无视师祖一往直前的弟子是满意的。

有一次，隐峰去湖南的大沩山看望沩山灵佑禅师。及至来到大沩山，隐峰径直走到堂上，在首座的位置上放下行李，专等灵佑的接待。沩山灵佑是参百丈怀海而得悟的，而隐峰与百丈同为马祖的弟子，所以按辈份，灵佑该称隐峰为师叔。听说师叔到，灵佑连忙穿戴整齐，带着一帮人很隆重地来到法堂迎接隐峰。

看到沩山灵佑来了，隐峰立即就做出卧倒的姿态。看到隐峰的这种姿态，灵佑转身就回丈室去了。过了一会儿，邓隐峰即刻就离开了大沩山。

不一刻，灵佑问侍者：“师叔还在吗？”

侍者说：“已经离去了。”

灵佑又问：“师叔临走前说了什么吗？”

侍者说：“什么话也没有说。”

灵佑告诉他的弟子们说：“你们没听到吗，师叔的声音如雷一般的鸣响。”

邓隐峰与沩山灵佑就是这样以不同凡响的行为演绎了一曲禅的喜剧，只是观看的人并不明白。

晚年的邓隐峰来到山西五台山，几年后，邓隐峰知道自己即将圆寂，即来到金刚窟前。他问大众说：“自古以来，各方禅师迁化（圆寂）有坐着的，也有躺着的，这些我都见过，是否有立化的呢？”大众说：“有啊，我们也见过的。”

过了一会儿，隐峰又问：“立化的也有了，那么，是否有倒立着迁化的呢？”

大众都摇着头说闻所未闻，见所未见。隐峰便说：“今天，我要让你们开开眼了。”于是，立刻双手倒立，接着就圆寂了。在场的人们目睹着邓隐峰头脚倒置，亭然而立，一个个惊叹不已。更奇怪的是，隐峰一身的衣服竟贴着身体，没有一片垂落下来。

投子大同卖油翁

8世纪中叶，一个瘦小的僧人来到桐城县郊外的投子山结茅安禅，他就是大同禅师，人称投子大同。

投子大同是翠微无学的弟子，石头希迁下五世的子孙。说起投子大同，不免想起翠微无学那段关于“第二杓恶水”的著名公案。大同在翠微无学的门下参问达10年之久，然而一直不得悟解。有一天，实在憋闷不住的大同趁着翠微无学在庭院散步的时候，忽然就径直向老师走了过去，大同一直走到老师的面前，拦住老师的去路说：“请问老师，究竟什么是达摩祖师西来的意旨，为什么您一直不肯告诉弟子？”

翠微无学直接参问于烧佛取暖的丹霞天然禅师。像他的老师一样，翠微无学反对心向外求，主张内心的自省，只须直达心源，便能立刻见性成佛。翠微无学看了看这像农民一样朴实的弟子大同，于是便驻足而定。然而大同并不能理解老师的禅机，继续问道：“请老师今天一定要给弟子解说清楚。”

翠微无学大声地喝道：“你还要第二杓恶水吗？”翠微无学觉得，能够用语言表达的，绝对不是真正的佛法，而不得不以语言表达的，不过是一杓恶水罢了。

当时的大同又怎能理解，所谓达摩祖师西来的意旨，其实就在自己的日常生活之中，根本用不着谁来指出，只须用心去悟这样一个道理呢。

大同在桐城投子山30年不曾下山。这一天，赵州从谂从河北特意前来桐城看望投子大同。在投子山道上，赵州与投子相遇，然而二人并不相识。赵州暗中向一个农民打听到此人正是他要寻找的投子大同，于是便上前问道：“如果我没有猜错，您就是投子大同对吗？”

大同知道来者正是以“吃茶去”为禅道的赵州从谂，于是便扬了扬手中的油桶说：“茶盐钱请乞一个好吗？”说完，提着油桶干自己的事去

安徽桐城投子山风景：投子大同禅师（819—914年），唐代禅僧，安徽怀宁人，俗姓刘。幼年出家，参谒翠微，大悟玄旨。其隐栖于投子山30余年。

了。

赵州来到投子的庵中坐下等待。过了一会儿，大同提着一只空油桶回到庵中。赵州看了看他，不无讥讽地说："一直很向往投子大同，见到后才知道，不过是一个卖油翁而已。"

大同说："可惜啊，你只见卖油翁，却不识大同。"大同觉得，卖油翁不过是其表，而真正的大同又该是怎样的，难道仅从外表就能知晓吗？

赵州知道第一个回合自己就输了一着，于是便谦虚地问道："那么，什么是投子大同呢？"

大同又扬了扬手中的空油桶说："油、油。"大同说，就请再回到卖油翁上来吧，只须这样循环往复，你总会认识我投子大同的。

赵州说："下雨了，下雨了。"

大同又说："苍天不曾遮着一物。"佛法的雨露是能够普润一切的。

两位禅师，一南一北，就这样相互认识了。

杨岐方会雨中得法

自从20岁追随慈明楚圆禅师学佛习禅，至今已有10多年了，然而，对于年轻的方会来说，却依然处在懵懂无知的状态之中。

并非方会不肯请教，曾经有很多次，趁着慈明楚圆独处一室的时候，方会总会不失时机地走上前去，说："请师父给弟子一点教诲好吗？"慈明楚圆总是会说："你不看这会儿正忙着吗？寺里的大藏经都发霉了，我正愁着怎样晒经呢，还有，八亩地那儿的寺产问题，一直有人与我们纠缠不休，我哪儿得空教你呢？"或者等方会问急了，便回答他说："你将来反正是徒子徒孙满天下的人，何必在乎这一刻呢？"

方会明知道这是师父对自己的搪塞，但似乎也一点办法也没有。

机会终于来了，那一天，慈明楚圆让方会陪着自己一同去一个地方处理寺产问题。处理完毕，师徒二人赶紧往寺里赶。走到半道，突然下起雨来。大雨滂沱，淋得师徒二人就像是落汤鸡一般。师父年老了，在泥泞

清代线刻图：《四十五世杨岐方会禅师》。方会（992—1049年），北宋袁州宜春（今江西宜春）人，临济宗杨岐派创始人。

杨岐派

杨岐派，也称杨岐宗，为临济宗之支派，是中国佛教禅宗五家七宗之一。宋庆历元年（1041 年），为杨岐方会禅师在袁州杨岐山（今江西省萍乡县北）举扬一家的宗风，故得名杨岐派。方会禅师强调修行者不要执著言语文字，而应直透心源，悟彻本心；其禅学风格，沿袭临济宗一脉，但在实际运用过程中，又吸收了其他门派的特点。因此，杨岐宗在佛教史上有着重要的地位和深远的影响。

地里简直寸步难行，方会不得不背起师父一步步往回走。忽然，方会将师父扔在地上说："老头儿，今天一定要给我说说，否则，我就在这里揍你半死。"

师父喘着气说："既然你已经知道了这事，我也就不说了吧。"

奇怪的是，方会立刻就明白了所有的事情。当下，方会激动地趴在泥水地上，给师父认认真真地叩了好几个头。从此以后，方会醒悟了。

方会得悟后，决定回到他的老家江西杨岐山普通禅院开辟道场，人称杨岐方会。

听说方会在这里开辟道场，当地的许多僧侣和信众都围拢而来，纷纷请求方会为大家说法。俗话说当地的胡椒不辣，方会回到家乡说法，一些知根知底的人就对这个自小看着长大的孩子抱有怀疑。当年方会出家处的九峰山一个长老人称老勤公的就说："方会也会说法吗？别误导大家才好。"

方会接受了邀请，登坛说法。只听方会高声地说："雾锁长空，风生大野，百草树木作大狮子吼，我今演说大般若智慧，三世诸佛都在诸人的面前说着佛法。大家若是能领会，也不枉坐在这里的一片功夫，若是不能领会，可不要说杨岐山的山高势险啊，前面更有大山峰呢。"

方会的演讲博得大家连片的掌声，大家都说，想不到啊，方会出去这么些年，一下子就成为高僧了。就像任何一次法会一样，会有一些人把自己平时不懂的问题提出来请和尚解答。方会回答得也十分圆满，看看日已西沉，没有人再提问了，方会说："还有问话的吗？尽管提出来吧。今天我的性命就提在各位的手里了啊，任你们横拖竖拉，为什么这样说呢，大丈夫应该当众辩明是非，别在暗地里好像水底按葫芦一样才好。如果再没有人站出来提，就是我失礼啦。"说罢就要下座。

那个曾在背地里怀疑方会的长老老勤公这时拉住方会的手说："今天真高兴得到一位好同参。"

方会问："好同参的话怎样讲呢？"

老勤公说："杨岐牵犁，九峰拉耙。"老勤公的话说得够好了，我在前做牛拉耙，你年轻后生在后牵犁。可到底还是老的在前，少的在后啊。于是方会又说：“就在这时候，是你在前还是我在前呢？”老勤公无话可说了。方会推开他说：“本来以为是同参，原来不是啊。”方会的名声从此传扬开去。

千峰顶上一间屋，老僧半间云半间

清代线刻图：《四十五世黄龙慧南禅师》。慧南（1002—1069年），俗姓章，宋朝信州玉山(今江西广信)人，临济宗黄龙派的创始人。

秋天的匡庐，轻风习习，蝉声连绵。满山的红叶在高旷的天穹下就像是一片无边的火海。在一条通往归宗寺的山径上，走着两个年轻的身影。这便是归宗寺里的僧人慧南和文悦。虽说二人相识不久，但由于早就相互倾慕，且又志趣相投，共同的话题也就多了，很快便成了莫逆之交。

慧南11岁礼隆兴府（江西南昌）怀玉寺智銮禅师出家，19岁受具足戒。后四处云游，于一年前问参于庐山归宗寺，受到怀澄禅师的特别器重。爱才惜僧的怀澄禅师甚至不顾传统的偏见，让年轻的慧南分座接众，在归宗寺里引起一阵喧哗。

文悦则是临济下大愚守芝禅师之法嗣、汾阳善昭禅师之嫡孙。文悦对慧南仰慕已久，觉得他是一个有道的大器，但他也认为，就像是一块本色的璞玉，慧南还需要有一位大师来对其进行认真的雕凿。

话题自然地就拉到慧南的恩师怀澄禅师的身上，性直口快的文悦说：“澄公虽然是五家七宗之一的云门宗之后，但他的禅法却属于异类。”

听了这样的话，慧南心中略有不快，便问道：“你觉得恩师澄公的禅法与云门的祖师有什么不同呢？”

文悦说：“云门如九转丹砂，能点铁成金。而澄公则好比是药汞水银，只可把玩，不可入锻。”

这样的评价实在是太尖刻了，这不是有意在自己面前贬低恩师吗？慧南听之，立即大为光火。也是年轻气盛，慧南突然将手中正在把玩的一根树枝投向好友文悦。二人当即不欢而散。

第二天，二人再次于寺外的山径上重遇，相互均有尴尬之色。文悦主动向慧南谢罪，称自己昨日的评论

清代线刻图：《四十四世石霜楚圆禅师》。楚圆（986—1040年），全州人，俗姓李，北宋临济宗僧，得法于善昭禅师，是临济宗第七世祖。

太过尖刻，但他仍然说："云门宗气宇如虎，语不惊人死不休。而怀澄公的话头未免过于死板，这样的话头能够启活人的心智吗？"文悦看来是早有准备，所以话刚落音，便掉头就走。

经过一夜的深思，慧南似乎也觉得文悦的话有几分道理。来归宗寺有一年时间了，虽然恩师把他当作知己，但慧南却一直没有从怀澄的身上看到那种禅人的独特个性。他叫住了好友，说："既然如此，你觉得当今哪位大师最合你意？"

文悦不假思索地说了四个字：石霜楚圆。

慧南知道，石霜楚圆是临济宗师，文悦明明知道他嗣法于云门，现在却让他改换门庭，另投宗师，这不是居心叵测吗？心下便对文悦不屑起来。但他也觉得，再在归宗寺怀澄的门下，似乎也没有悟解的可能，于是便决定离开归宗寺，另投他处。

一个月后，慧南在远游的途中登上南岳衡山。福岩寺福严老和尚爱其才德，遂留其充当寺中的书记（负责寺中文案工作）。也是慧南与石霜楚圆有着与生俱来的缘份，就在慧南在福岩寺住下不久，福岩寺礼请石霜楚圆担任寺中的住持。慧南得知此事，便暗中高兴，趁此机会，也可好好观察这位被人传得有些玄乎的禅师，看看他究竟有多高的功夫。

石霜楚圆担任住持不久，即表现出他非同寻常的禅人作风。他在接济学人时表现出特别的凌厉辛辣，经常在与僧众问答中贬驳对方，将当今诸方佛法统统斥为异端邪见。目睹这一切，慧南对石霜楚圆的兴趣顿然大减。但他又想，这也许正是石霜楚圆不同于一般禅人之处。于是，他决定登门拜访石霜楚圆。

石霜楚圆让慧南在自己的身边坐下，开口便说："我且问你，当年赵州曾说：'台山婆子，被我勘破'，哪里是他勘破婆子处呢？"

慧南无言以对。楚圆接着又问了一些其他的话头公案，慧南被他问得汗如雨下，口中只有唯唯诺诺，始知原来临济宗的禅法竟如此凌厉，天下的禅门，原来各有过人之处啊。现在，明师就在眼前，自己何必还抱着云门正宗不肯放下呢？

第二天，慧南再次敲响了楚圆的房门。然而此时的楚圆与昨日判若两人，一见面就指着慧南的鼻子破口大骂，其言辞之激烈，让慧南难以接受。慧南有几分恼怒地说：“和尚如此骂人，难道算得上是慈悲法师吗？”

楚圆反问他说：“你会骂吗？”

慧南一听，立即大悟，当即礼拜不止。

又过了一天，慧南将自己悟解后所写的偈子呈于石霜楚圆，偈子曰：“杰出丛林是赵州，老婆勘破有来由，而今四海清如镜，行人莫与路人仇。”

石霜楚圆知道这位年轻的弟子这次真正是彻悟了，便点头印可。

慧南禅师悟道后即来到洪州凤栖山同安道场。开堂之日，他昔日的老师怀澄禅师曾派手下僧人前来旁听慧南的上堂话头。然而所听者，皆是临济禅风。那僧人回去将所见所闻向怀澄禅师一一汇报。怀澄便知道，这个昔日的学生已弃他而去。而怀澄座下的很多弟子听说慧南因嗣法临济宗师石霜楚圆而得法，便纷纷离开怀澄。从此，慧南与怀澄的关系彻底断绝了。

在这期间，慧南的寺院里发生了一件不该发生的事情。一天夜里，寺内突发大火，虽经寺僧全力抢救，但一整座寺院仍是片瓦不存。身为住持，慧南自然有着无法脱掉的干系，不久，他被投入监狱。

虽然只坐了两个月的牢，但这段狱中生活给慧南的心灵所造成的伤害是短时间难以平复的。出狱之后，慧南长发披肩，面容枯槁，形同异类。弟子们见了，一个个心中不忍，伤心啼哭，慧南斥曰：“俗汉！”

慧南出狱后移住隆兴府（江西南昌）黄龙山接引学人，临济一宗至此大兴。慧南被人们尊为黄龙祖师。此时的黄龙慧南深得石霜楚圆的精髓，其宗风严厉，被人们传颂一时的是他的“黄龙三关”。如他时常询问僧人哪儿出家，哪儿出生，然后再次提问：“人人都有家乡，哪儿是你的家乡呢？”以此激发起学人的疑情，将学人置于思维的绝境，在学人无路可寻之时，再伺机化导，使之困极而通，触机开悟。

有时候，正当学人回答他提出的问题时，他突然伸出手来问道：“我的手比起佛手究竟如何？”意思是说，所谓佛，也不过如此，每个人都是佛。当对方在肯

黄龙派

黄龙派，又称黄龙宗，为临济宗之支派，是中国禅宗“五家七宗”之一。创始人为慧南（1002—1069年）禅师，因其住江西修水黄龙山，盛弘教化，而称黄龙派。慧南常设“生缘、佛手、驴脚”三转语勘辨学者，30余年无人能契会其要旨，世称“黄龙三关”。入南宋后，杨岐派隆盛，黄龙派日渐衰颓。

定他的手也如佛手一般时，他会突然伸出脚来道：“我的脚似驴脚吗？”众生皆有佛性，连驴都有，更况于人。

黄龙慧南又是一位杰出的诗僧，常以其独特的禅诗化导学人。如：“风萧萧兮木叶飞，鸿雁不来音信稀。还乡一曲无人吹，令余拍手空迟疑。”秋风萧杀，鸿雁纷纷飞向南方自己的家园。那么，人呢，难道不应该也回到自己精神的故乡去吗？这精神的故乡就是禅宗所一向强调的“自性是佛”，“心即是佛”。这也是自古以来的禅师们所一以贯之的立场。自古参禅者多如牛毛，桶底脱落者却似凤毛麟角。人们在漫漫红尘中营营碌碌，一心只是向外驰求，却不愿意一念心歇回到自性的家园。这是人类的悲哀，更是问道者的悲哀。

又如：“千峰顶上一间屋，老僧半间云半间。昨夜云随风雨去，到头不似老僧闲。”山峦千重，云遮雾漫，在这样的山野中筑半间茅屋，时来时往的是风之和鸣，是雨之淅淅，然而无论风也罢，雨也罢，都比不得老僧我的恬淡和闲适。其孤高绝俗，令人叹羡。

“常居物外度清时，牛上横将竹笛吹。一曲自幽山自绿，此情不与白云知。”自己既是超然物外的高僧，又是天真无邪的“牧童”。坐在牛背之上，横吹一竿短笛，在这样幽远的清音之中，四野是嫩绿的青山和缥缈的白云，闲境幽情，真是妙合无垠啊。

此外还有：“自缘一榻无遮障，赢得长伸两脚眠”；“寒则围炉向暖火，困来拽被盖头眠”；“新缝纸被烘来暖，一觉安眠到五更”。这些怡然自得的诗句，让人们处处感受到临济宗“无事是贵人”的禅人风范。

法远浮山应棋说法

北宋年间，一个名叫义青的和尚来到河南圆通法秀禅师处。当时寺里正打禅七，七七四十九天的参禅打坐，就准他挂了单。谁知义青却整天都在睡觉，禅堂的门也不曾进过。执事僧便把这情况告诉了圆通法秀禅师。执事僧说：“这个和尚大白天睡觉，已经违反了寺规，应当迁单出寺。”

圆通法秀是个见过世面的老和尚，听了汇报，便说道："暂不要急着迁单，让我前去看看。"老和尚拄着禅杖来到义青挂单的僧寮，看见那个年轻和尚果然正在睡觉。圆通法秀用禅杖敲击着禅床呵斥道："我这里没有闲饭给你吃，大白天为什么总是在睡觉？"

义青抬起头问道："和尚让我去做什么呢？"

"大家都在参禅，很多人都开悟了，你为什么总在睡觉？"

义青听说后，重又睡了下来，说："食品纵然美味，饱汉吃来也不觉香。"

圆通法秀见他说话奇特，知道此人有些来历，便又说："可是不同意你这样做的僧众大有人在。"

义青说："自己的事为什么要别人同意？等到同意了还有什么用呢？"

圆通法秀知道，这的确是一个很不一般的和尚，便问道："上座曾经见到过什么人吗？"

义青说："浮山法远。"

听到"浮山法远"四个字，圆通法秀立即化怒为笑，说："怪不得上座这样顽赖了，原来是法远的弟子义青禅师。"于是相视而笑，二人便一同去见方丈了。

法远是谁？浮山又在哪里？

法远是北宋时期首开浮山道场的一位禅师，据说他还在当小沙弥的时候即因闻听师父与别人的一场对话而打开了智慧的大门。后来，他来到枞阳的浮山，开辟了自己的道场，再后来，这位因远离功名利禄而被人称作"远禄公"的禅师又因作《九带集》阐明佛教大义而闻名于道俗。在中国的历史上，几乎每一个朝代都有被贬谪的官员，他们是官员又是文豪，他们在被贬谪的时候往往

清代线刻图：《四十四世投子义青禅师》。义青（1032—1083年），山东青州人，俗姓李，后人称其为投子义青，宋代禅僧。

礼佛上香的居士：佛教居士自佛祖释迦牟尼传法时就有；历来，居士们对佛教的发展也有着重要的作用，而居士中也有很多修得正果之人。摄于安徽凤阳龙兴寺。

欧阳修：吉州庐陵(今江西吉安)人，字永叔，号醉翁，晚号六一居士，宋仁宗天圣八年(1030年)进士，官至翰林学士、枢密副使、参知政事，北宋古文运动领袖，文学家、史学家、“唐宋八大家”之一，卒谥文忠。

喜爱到一些山山水水去看看，看过了再写几首诗歌，留下一些碑刻。后来，他们又复出了，他们复出之后，名气自然更大，于是，他们当初到过的地方便也就有了名气。浮山便是这样的地方。

这一年，欧阳修在“环滁皆山”的地方作完他的《醉翁亭记》后，沉醉于山水之乐的欧阳修毕竟还是感到不能满足，恰巧这时，浮山法远的一些事情传到了滁州。欧阳修并不是一个佛教的信仰者，他或许是出于一种特别的好奇心，想去看一看这位被人传得有些玄乎的僧人到底是一位什么样的人物，或许是一时心情懑闷想出来换换空气，所以他便来到了浮山。也许法远的相貌太平常了，欧阳修一见之下并没感到他有多少特别的地方。欧阳修没有立即与法远谈话，他让人在会圣岩下摆上一盘棋子，与随同的人下起棋来。法远则在离他们不远的地方，不即不离地担任着伺候茶水的工作。欧阳修下了一盘棋，瞥了瞥坐在离他不远处的和尚，终于让人收起棋盘，说，和尚，可否请你就这下棋一事谈谈佛法？法远想，我本来是并不想谈什么的，但是你一定要我谈，那么，我要谈就谈到你的心里去，谈到你眼下尴尬处境上来。

于是，法远就说，如果论起法来，就如这下棋一般，下棋的两位既是知音，又是当机不让的对手。大家都在这上面缀三绕五地斗着法，走的却又是同一条熟悉的道路，弈者既要防备着不被对方吃掉，又要生着法子去吃掉别人，于是，各自的心态也就可想而知了。自古以来，这十九路棋盘不知迷了多少人，也不知悟了多少人。迷者是下棋，悟者得妙旨。

和尚的一席话，让欧阳修大开了眼界，他向同僚说，以前我以为禅不过是谈玄论虚的玩艺，没想到竟是一些实实在在的世间道理，一个和尚，虽久住深山，如果不禅机圆熟，又怎能谈得出这些玄机妙旨。欧阳修又说，像这样的和尚，天得一以清，地得一以宁，君王得一以治天下。我们也不必追究欧阳修的这番过头话，因为他毕竟是一个文人，就像他的文章一样，铺陈夸张在所难免。但据说从此欧阳修开始对佛教有了更多的兴趣。现在的会圣岩下有“因棋说法”和“棋声历耳”的摩崖石刻即是这一段历史公案的记录。

我有明珠一颗

守端投奔杨岐方会的时候，是他22岁生日的那一天。这是一个一说话就脸红的小和尚，天生的不善言语，性格内向，总爱看别人的眼色，以至有人说，守端应该做一个书生，却为什么做起了和尚呢？

守端自己也说不清为什么做了和尚，这大约是自幼受做了和尚的舅舅的影响吧。小小的年纪，就觉得那一袭杏黄僧袍是天下最好看的衣服，同时也知道自己性格上的缺点，在这个物欲横流、人心不古的艰难时世，唯有做一个出家的和尚，守着青灯古佛，才是最省心的事情吧。于是，他便于20岁这一年拜茶岭郁和尚完成了剃度仪式，做了一个出脱尘世的僧人。

清代线刻图：《四十六世白云守端禅师》。守端（1025—1072年），即释守端，俗姓葛，北宋衡阳人，杨岐方会禅师之法嗣，临济宗杨岐派高僧。

不久前，守端刚刚完成了具足大戒。得戒后的第二天师父就说，守端，你应该出门参学去，古之大德，没有一个是守着一处青山而至老死的。他问师父，我去参哪位大德才好呢？师父说了一个名字：杨岐方会。

杨岐方会是临济宗在北宋时期两大支派之一杨岐派的创始人。能拜在杨岐方会的门下，是当时所有年轻出家人的愿望，然而，真正能得到杨岐道法的，却实在是太少太少了。去参拜杨岐方会，守端并不十分自信。他天生的语讷，他怕万一回答得不正确，遭到方会大师的嘲笑怎么办？他怕如果方会收留了他，他不能启悟怎么办？总之，守端去见方会时，心中十五只吊桶，七上八下的没有个准数。

方会倒也没有预想的那样严肃端庄，这个老头儿衣着简便，趿拉着鞋子，倒像是乡间的一个落拓贡生。

“你从哪儿来？”杨岐方会这样问道。

“从湖南来。”守端的声音像蚊子一样轻细。

“知道了，”方会说，“那么，你原先的师父是谁啊？”

“茶岭郁和尚。”守端终于大声地回答说。

方会说：“了不起啊。我听说他是过一座石桥时，因天阴路滑，不小心跌入桥下而开悟的，是这样吗？”

“是这样。”守端又大声地说。说起师父茶岭郁和尚，守端似乎便有了一股底气。

福建福州涌泉寺法堂内景：法堂是七堂伽蓝之一。即禅林演布大法之堂。位于佛殿之后方，方丈之前方。相当于讲堂，而“讲”通于“讲教”，为别于他宗，且示其教外别传之宗旨，故于禅宗特称为法堂。

“你还记得你师父当时的开悟偈吗？”方会又说。

“当然记得了，”于是，守端仰起脖子，大声地念道：“我有明珠一颗，久被尘劳关锁，今朝尘尽光生，照破山河万朵。”

或许是守端认真的神态，也或许是守端那生硬的湖南方言，杨岐方会听完之后，忽然就笑了起来。笑过之后，什么也没说就离去了，留下年轻的小和尚守端尴尬地站在那里不知所然。

整整一个下午，整整一个晚上，守端都是在沉郁和苦恼中度过。他的面前总是浮现出杨岐方会那张讥讽的笑脸。一直担心的事情终于还是发生了，守端最怕别人的讥笑，他宁可别人狠狠地打他一顿，或者直截了当地骂他一顿，他受不了的就是那种不着两可的讥笑。而且杨岐方会笑过之后，却又扬长而去，那么，守端在方会大师心目中到底是怎样的呢?

依着他的脾气，他会背起行囊立即走人，但是，他又觉得就这样回去，难免不遭到另一种讥笑，人们在背地里会怎样说他呢?

守端就是这样在难扼的思虑中度过了一个不眠的长夜。第二天，他似乎又有了一丝信心，他细细地回忆了昨天与方会的对话，觉得自己并没有错啊。他想，今天无论如何也要再见方会一面，他要问明，为什么笑，为什么弃下他扬长而去。

吃过早饭，寺庙前的广场上突然热闹起来，铿锵的锣鼓声吸引了无数的人前来观望，当然也包括一些无所事事的僧人。守端反正是决定走人的了，于是也挤进人群看个究竟。原来是一群玩杂耍的小丑艺人们。这些人脸上涂着白点，搽着胭脂，做出各种逗人的神态，以博得观众的欢心。看着他们的表演，守端也禁不住笑了起来。然而他心中有事，还是从人群中抽身而出，鼓一鼓勇气，径直走到杨岐方会的法堂里。

方会和尚似乎早已将他忘了，问他说："你从哪里来，找我有什么事吗？"

守端的脸又无端地红了起来，他极力镇定住自己说："大师，昨天我背完师父的开悟偈，您为什么突然笑了起来？守端有什么错吗？"

方会于是想起昨天的事情，说："我早忘了这档子事，你却还记着。茶岭郁禅师开悟偈天下人谁不知道，我还要你重新背给我听吗？作为一个出家人，你应该有自己的思想，应该用自己的偈来表达才对啊。"

守端觉得方会言之有理，便一时愣在那里。终于，他还是说："如果是这样，您可以直接向我指出来啊，可您为什么要嘲笑我呢？"

方会忽然又哈哈大笑起来，笑得眼泪都流了一脸。方会笑毕又问他说："门口的杂耍没去看吗？"

"看是看了，觉得好笑而已。"

"是啊，"方会说，"你不如那些玩杂耍的。"

"此话怎讲呢？"

"他们千方百计地逗人发笑，人笑了他们才能说是成功，可我只笑了一声，你就受不住了，你在心里无数遍地想着我的笑声，想着我为什么而笑，以至一夜不眠。你这样拘谨这样执著，一件小事就让你如此焦虑如此不安，这样下去，又怎么谈得上解脱和开悟呢？"

守端的脸又是一阵潮红，豆大的汗珠顺着他瘦削的脸颊滚落下来。这些年来，守端似乎一直就活在别人的心中，活在别人的眼光之下，今天，他终于明白，一个人只有活在自性之中，活在无执著的心理状态下，才会是洒脱的人生。

后来，他在总结他与杨岐方会的这一段交往时说："古人留下一言半句，未参透时就像撞在铜墙铁壁上一般，忽然一日参透了，这才知道，原来自己就是那铜墙铁壁，不是别人撞着了自己，乃是自己撞着了自己。”

守端在杨岐方会门下侍奉了几年之后，于28岁那一年离开杨岐山，来到舒州白云寺（今安徽境内）开辟道场，并开始接引学人。人称白云守端。

守端继承了先祖临济宗呵佛骂祖的传统，又结合了宋以来文字禅的特点，反对学人对祖师和经论的一味依赖。他说：“从前灵山会上，世尊拿着花，迦叶发出微笑，世尊就说，我有正法眼藏，付于摩诃迦叶，从此世代流传。诸位，如果确是正法眼藏，释迦老汉自己也不一定就有，拿个什么来交付别人呢？又拿个什么来世代流传呢？而这个所谓正法眼藏各位的身上倒是有的。你们每天起床后的种种作为，穿衣吃饭，乃至日月星辰，森罗万象，难道不都是正法眼藏吗？何必要费尽心机地向外驰求呢？”

白云守端认为，生活中处处有禅，平常的生活就是禅。他在一次上堂时说：“释迦老子有四弘誓愿：‘众生无边誓愿度，烦恼无尽誓愿断，法门无尽誓愿学，佛道无上誓愿成’。我今也有四大誓愿：饿了吃饭，冷了添衣，困时睡觉，热时吹风。”

仁德悟道终南山

1955年9月，28岁的仁德终于来到他心向所往的终南山下。

他在一家小旅社住了一夜，天亮后，又一步步向终南山走去，他怀着对生死大事异常执著的毅力，带着年轻而虔诚的信念，一步步沿着陡峭的山路向他生命的又一个新层次攀登。

在一处处山洞内，一堆堆枯骨让他怵目惊心却又使他激动不已。那是修道者殉道的遗迹。这些修道者直到生命最后一刻，仍保持着跏趺坐的姿态。他们色身虽然寂灭了，但他们的生命之火却闪烁着永远不灭的光芒。

1955年的终南山，政治的风云尚未播及的所在，在朗照法师的住持下，终南山的禅风非常活跃。通常情况下，有老禅师主讲历代禅师的各种公案，讲修道人应有的坚韧不拔的精神。有时，参学的比丘们也会即席演讲，讲各人修学的体会，讲生在末法时代的人们如何让禅真正回到生活中来，回到普通人中间来。而在更多的情况下，禅师们只是以听众的身份坐在修道者中间默听不语，他们并不随便发表什么意见，在他们的身上，没有什么“对”或者是“不对”，有的只是认真的实践和用心的体会，而当你真正认真地用心去体会一件事物的时候，你就会发现，真正的佛法大意，并不是用“对”或者是“不对”可以言明的。

终南山下的香积寺：终南山曾有很多高僧大德在此隐居修行，因此也就有很多颇有历史的寺庙。如积香寺建于唐中宗神龙二年（706年）。

一位弟子去问老禅师，我参悟好几年了，自认为是一个并不懈怠的弟子，为什么就是不明白究竟什么是佛法？

老禅师说，难道你饥时没有想到要去吃饭，倦时没有想到去睡觉吗？

弟子说，这是很平常的事情嘛，难道不是所有的人都会这么想吗？

“不，”老禅师说，“不是所有的人都用心于想他要做或正要做的事情。譬如现在，你在向我求法，难道你不曾为你中午的一桩烦恼而耿耿于怀吗？你不是在想，老禅师的这一件衲衣，也实在太破了吗？”

弟子的脸红了，刚才那一刹那，他思绪的确曾下意识地回到中午的一件很不愉快的事情上去了，他也确曾在一刹那间盯着老法师的那一件千补百衲的大袍子，他的思绪，的确在一刹那间从他所求的问题上“飞”了开去。

于是老禅师说，一个悟道的人，他的心是一刻也不能分割的，对于一个真正的修道者来说，当初未参禅时，是见山是山，见水是水；当正参禅时，那山不再是山，那水也不再是水了。心本是不二的，而当我们专意于某一件事情的时候，那便是“二”了，而一旦你达到那种境界，心还原到本来的面目上，又是不二的了。

三昧

三昧，来源于梵语的音译，意思是止息杂念，使心神平静，是佛教的重要修行方法之一。借指事物的要领、真谛。其有一般和特殊两层含义：它可以指通常的集中思虑的能力，或者指修习所得的、发展了的集中力。从而，它也就变成了可以使禅定者进入更高境界并完全改变生命状态的神秘力量。

在这些深邃而明了的对白中，仁德确实启悟到许多原先模模糊糊的东西，祖师们是令人敬畏的，因为他们穿越了精神上的高山大河，终于又回到日常生活中那最平常、最具体的事物中来。

在那一段时间里，学子们沉浸在那浓郁的禅的氛围里，所感受的，便也是各种机锋禅语，于是，一些学子们但凡开口，便是禅话。一位学子正在打坐，另一些人却正在为一件什么事而争吵不休。打坐的学子禁不住缠烦，说："吵死人了，吵死人了。"争吵的学子便回过头来说："谁死了，要不要给他去念往生咒？"打坐学子说："你们吵得人心烦。"便有人说："你将烦心拿了来，我替你去掉那烦躁就是了。"

一人从山下来，捧回一些化来的吃食，说："我从山下带来好吃的了。"而竟然有人不为所动，且有人说："从山下带来的，一定不是什么好东西，只有从心里出来的，才能遮天盖地。"

禅，有时的确也能给人精妙的语言。一位伐薪者将一捆柴禾扔在地上，火头僧说："怎么是这样弯弯曲曲？"伐薪者说："弯柴不弯火嘛。"

在终南山，住山洞似乎比住茅棚更让人感到刺激，也更受到人们的尊崇。到终南山的人，几乎都是冲着那狂野猛兽般的无边山林，冲着过一种独善其身的幽居生活而来，因此，住山洞，是终南山人的一种向往，是终南山人的一种追求。这个人满为患的世界缺这缺那，恰恰不缺乏喧闹，而人最最缺乏的则是独处一隅的思维和面对寂寞时的心境。人只有当独处一隅的时候，他才有足够的时间和精力将自己的心性加以重新省检，才能将自己的人生目标重新校准。

通过到终南山这一段时间的实修，仁德的禅定功夫在不知不觉中又向前迈进了一大步，他的知解，也比初上山时更加敏锐，现在，他开始跃跃欲试了，而且，他实行起来也要比别人来得彻底。他决定去打饿七——为期7天，以禅悦为食，不饮滴水，不进粒米，禅定思维，以求进一步的人生开悟。

仁德在这之前作了最充分的准备，他在山上整个地看了一遍，最后他选中了当年一代净土宗大师印光出家发心的地方——终南山莲花洞作为自己人生中第一次勇敢尝试的战场。

他走到一处山间村落，稍稍饮了一碗水，笑着向村人们告别。

这是一个不到百十人的小村子，村中的人早已对这些苦行的僧人见多不怪。然而眼前的这位梵行者却拒绝了村人供养的饮水和干粮，村人大惊，以为这身单体薄的年轻僧人纵然在7天之内不被毒蛇猛兽撕碎咬烂，也会饿得再也走不下山来。村人劝他不可不带干粮，然而他只是笑了笑，再次感谢村人们的善意，沿着一条山路，一步步向莲花洞走去。

村人并不了解他，村人不知道这位南方年轻人的禅定功夫到底达到了一个什么阶段。而禅定所产生出的巨大的身体能量，则是一般人永远也无法体会到的。更何况他自己比谁都更清楚自己，他为了打这一次饿七，已经作了长期准备，他已经不止一次地实行断食断水，虽然并没有一次超过7天，但那是在一边应付各种俗事，甚至是在一边劳动的情况下，如果是在完全禅定的情况下，当身体的能量消耗几乎是在极小的时候，7天，对于他来说也许只是一眨眼的功夫。

仁德再次来到这个小小的山洞前。此刻，这个小小的山洞对于他竟有着无比亲切之感，他将在这个不平凡的山洞中度过他一生中最有意义的7天生涯。实际上，他并不孤独，他相信，一代净土宗大师印光老人不灭的精魂正在庇佑着他，为他诵念动人心魄的经文。他会成功的。

这是一个洞顶呈流线圆形的山洞，恰似一朵倒垂的莲花，当年印光法师正是选中了这处所在，以禅为空，以净土宗的念佛法门为行持的根本而最后通达三昧的。

这时正是傍晚时分，一抹金黄的阳光从洞外探射而入，洞中的袅袅岚气正缓缓升腾，在阳光的照射下，那袅袅岚气突现出斑斓的图像，将一座普通的山洞装扮成一个美轮美奂的神奇空间。他想，这是一个极好的兆头，他对这7天的修行，似乎信心也更加坚定了。

在这一刻，他突然想起了石点师公，想起了父母，想起了禅慧和尚以及不久前下山的道信，在这一刹那间，似乎20几年里一切经过的事，一切交往过的

机锋

机锋，又作禅机。机，指受教法所激发而活动的心之作用，或指契合真理之关键、机宜；锋，指活用禅机之敏锐状态。意谓师家或禅僧与他人对机或接化学人时，常以寄意深刻、无迹象可寻，乃至非逻辑性之言语来表现一己之境界或考验对方。

人，都一一活生生地浮现在眼前。他想，一切该来的都来吧，来过，又去过，剩下来的，还会有什么呢？

不知什么时候，山洞内一片光明。第一轮阳光开始照射这个阴暗而潮湿的山洞，开始沐浴这位梵行坚定的修道人。

又不知过了多少时候，他感到山洞内笼罩着一片漆黑，忽然，他听到一阵山石滚动的声音，接着，有粗重的喘息声自远而近。他想，是人吗？可是，是什么人会在这夜深人静的时候来这荒郊野外，来到这素无人迹的山洞里来呢？再说，人怎么会有如此粗重的喘息之声呢？

他已经感到那个东西现在已经来到了他的洞口，于是，他睁开眼来，只见黑漆漆的洞口有两团绿荧荧的亮火，他虽然看不清来者究竟是何物，但是，他知道那是一只野兽。奇怪的是，他丝毫没有害怕的感觉，他一向认为，兽性和人性是完全能够相通的，兽，有时比末法时代的人更讲"人性"，只要你不去伤害它，它决不会主动加害于人。

他重新闭上眼睛，继续进入到自己的空定圆融的禅定境界中去，他迎来了第二轮阳光。

他站起来，活动活动身子，准备继续禅坐。但是，当他再次回到原先的坐处时，他那块地盘却已经被"别人"捷足先登了，那趁虚而入者，是一条他从未见过的碗口般粗的大蟒。那大蟒张开大口，吐出冰冷的信子，似乎正在责问他：你为什么不经我的同意就擅自占领了我的洞穴？他第一个念头就是赶紧离开这个洞穴，但他很快打消了这个念头。他想，自己为什么要来到这个山洞？既来之，则安之，不完成7天的行持生涯，自己是决不会离开这个洞穴的。于是他向大蟒合一合十，说："施主，释子仁德为效法先贤，来此修行，因看中了你的这方宝地，作7天禅修，7天一过，立即奉还，望施主恩准。"

那蟒似乎听懂了他的话，又似乎什么也没有听明白，那蟒缩了缩身子，又伸一伸脖子，只是没有挪动身子。

仁德又说："你不愿意吗？你就那么小气？要么，你修你的我修我的，我们互不相扰，各各相安，你看如何？”

他说着，在距蟒不远的地方又扫了一块地方，重新铺下垫子，再次跏趺而坐，收敛起方才的散乱，再次参一个话头。

可是，他感到有些不大对劲，他分明感到有一个冰凉冰凉的东西逼到他的膝盖上来了，他知道，是洞主向他逼过来了，那条蟒向他发出了最后的通牒，它让他尽快走开。

他睁开眼，只见那条大蟒又从他的身边走开，在大约一米远的地方冷冷地看着他。

蟒不扰他，他再用功，可不到一刻，那蟒又向他游了过来，如此三番，扰得他无法用功，无法静下心来。

他再次向蟒合十，说：“施主，若是我前生欠你一条命，你就来将我吃了吧，我也好了却一桩宿债，来世重新修行。如我前世并不曾欠你一条性命，你要再来干扰我的静修，这就是你的不是了。你听好了，你最好是让我好好修行吧，将来等我修成了，我好来度你。”

那蟒这一次似乎是听懂了他的话，那蟒慢慢地沿着洞壁向洞外爬去。原来它是要找一条出洞的路走。仁德想，这就是我的不对了，我占了人家的洞穴，又挡住了人家的去路，而且还错怪了人家。于是，他念了一声“阿弥陀佛”这才安下心来接着用功。

此后他再也没有受到什么其他干扰，他也不再注意照射到洞内来的阳光的次数，他一心只想悟透人生的真谛。他已经不知道他在洞内度过了多少时光，他只知道他的腹中曾经历过一次生生死死的翻江倒海，终于又趋向于风平浪静，他只感到一派风和日丽，浑身感到一股从未有过的轻安自在。

又不知过了多少时候，洞外下起雨来，雨不知下了多少时候，终于又停了，一滴滴雨水渗进洞来，滴滴答答地落在他的身旁，形成一阵无比悦耳的音乐声，仿佛是为他的一场生死搏斗演奏着一部激扬的乐曲。

忽然，一滴冰凉的雨水落下来，滴到他的脖子里，他滚热的身子受此冰凉的一激，浑身不禁为之一震，与此同时，一道电光从空中闪过，一声炸雷在他的心田间炸裂开来，他感到豁然开朗，睁开眼来，只见一道七彩流虹横贯在山洞外面，山河大地一片澄澈，洞外世界一片光明。在这一刹那间，他突然明白，我此生的目的，就是为了弘法利生，令正法久住，为开拓人间净土而尽形寿地不懈努力下去。他迎着那片葱茏的村庄和稻田走过去。他对自己说，走过去！我之此生，当属于那些在业海中流转的芸芸众生。

他走出了山洞，但见万山红遍，层林尽染，那山下的河流如一条洁白的玉带，横贯在葱茏欲滴的山野之间，那远处的村陌，正升起袅袅如烟的岚气。远远地听到几声狗的吠声，几声鸡的啼鸣。原来大自然是这样充满生机，他终于悟到，一切佛法，皆在世间。

在他的面前，现在是见山是山，见水是水了。

第六章　禅闻禅趣

禅闻禅趣

哪头牛不是菩萨

一日，仰山慧寂与他的老师沩山灵佑一同去山坡上放牛。

微风轻拂，阳光和煦，春天的山坡上鲜花盛开，空气中漫溢着阵阵悠香。四野一片宁静，偶尔会有一群鸟啁啾着从头顶掠过，接下来便是牛啃食青草的细密而柔切的“嚓嚓”之声。

春天的气息如此迷人，师徒二人均在这迷人的气息中陶醉了。

弟子仰山慧寂忽然感叹说：“多么快乐的牛啊！”

沩山立即就说：“多么快乐的你和我啊！”

慧寂说：“你不是我，安知我的快乐？”

沩山说：“你不是牛，安知牛的快乐？”

虽然师徒俩套用庄子的语言，打了一会儿禅机，但春天阳光下的快乐却是人人都漫溢在脸的。过了一会儿，沩山灵佑忽然说：“这些牛啊，哪一头将来能成为佛呢？”

沩山的话音刚了，慧寂立刻就反问道：“老师您怀疑哪头牛将来不能成佛，能指给弟子看看吗？”

老师当然无法给弟子指出来，按照释迦牟尼成佛后在灵山会上的说法，众生皆有佛性，牛当然也是众生，你能说哪头牛不是佛吗？

田野中的牛，见到此景，你会觉得，是牛很快乐、轻松，还是你的心情很快乐、轻松呢？

菩萨为皇帝说法

自从巡视过一次南海之后，唐代文宗皇帝的餐桌上便多了一道特别的大菜，那就是海里的蛤蜊。据郎中说，蛤蜊大补元肾，且能延年益寿，于是，蛤蜊越发成了文宗每餐必不可少的食品。沿海的官员承担了采集和运输蛤蜊的大任，每天预先将新鲜的蛤蜊用快马送入宫中，虽然一路十分辛苦，但官员们觉得，能博得文宗的欢心，也是在所不辞的。

蛤蜊的吃法有多种，最鲜美的吃法就是清蒸水煮，然后由食者自己用手掰开，再蘸上五味作料趁热吃下。有一天文宗在吃蛤蜊时，其中一只特别大的蛤蜊总是无法剥开，文宗觉得这很奇怪，便焚香祈祷，这才勉强打开。蹊跷的事情出现了，蛤蜊壳打开后，呈现在眼前的肉质极似一尊端坐的佛，其形态仪表乃至衣裙上的皱褶都十分精细逼真。文宗觉得，这不是一件简单的事情，一定是国运大兴的征兆，就让人将这尊蛤蜊佛置于一只特制的盒子里，再放上桂花、檀香和其他香料，外面又覆盖上丝绸锦缎，着人送到长安郊外的兴善寺里，好让众僧礼拜瞻仰。

这件事让文宗很长时间都处在一种难扼的兴奋之中。有一天上朝的时候，文宗禁不住问朝臣们说："蛤蜊里发现了佛，这是一种怎样的征兆？"

谁也说不出这是一种什么征兆，有位臣子说："听说终南山的惟政禅师深通佛理，博闻强记，是当今

南禅寺：唐代木结构建筑大殿，山西五台山。中国历史上，只要是当朝皇帝爱好佛教，就会在全国范围内兴起修建寺庙、大兴佛法的局面。山西五台山南禅寺修建于大唐建中三年（782年），是我国现存最古老的木结构建筑。

最有名望的禅师，不如请他来问问吧。”

文宗准奏，于是，即刻就有太监飞马去请终南山的惟政禅师。

不多久，惟政来了，文宗在他的龙床旁特别为惟政安置了一把座椅，待惟政坐下，文宗便把在蛤蜊中发现一尊佛的过程向惟政和尚述说了一遍。文宗说：“请问禅师，这是一种什么样的征兆呢？”

惟政说：“任何一种物象的出现，都是与现实的人事相互对应的。当今天下，佛教大兴，此乃国君励精图治，致我大唐国运昌隆，佛也发出欢喜之心。陛下喜欢蛤蜊，菩萨就应化在蛤蜊里，这无疑是菩萨来启发陛下的信佛之心的。佛经中也曾说过，‘应以此心得度者，即现此身’，也就是说，某人应该由这种身形获得超度，菩萨也就化身于此种身形，并来为其说法。”

文宗听了惟政的解说，心里有说不出的高兴，因为这正是他要说的话，由一位高僧说出，似乎要比国君说出来更好。但他又说：“你讲得不错，近日来朕正筹划着兴办佛事，大兴寺宇，菩萨应化于蛤蜊中，正是启发朕的崇佛之心的。可是，菩萨并未为朕说法啊。”

惟政说：“陛下把这件事看成是平常的呢，还是不平常的？相信呢，还是不相信？”

文宗答道：“这可是件稀奇的事，朕深信不疑。”

惟政说：“那么，陛下已经听完了菩萨的说法。”说完下殿而去。文宗于是感到前所未有的快乐，并且说：“呵呵，我明白了，高僧您就是前来为我说法的菩萨啊。”

鸟有佛性，你无佛性

慧朗在南岳石头希迁和尚那里学习了几年，觉得自己仍是一无所得，便改去江西马祖道一处。马祖道一见了他便问：“你来求什么？”

慧朗说：“不求什么，只求佛的知识见解。”

马祖告诉他说：“我须明明白白地告诉你，佛是没有知识见解的，所谓知识见解恰恰是魔。”

慧朗听得目瞪口呆，不知马祖为什么要这样说，这不是毁谤佛吗？

过了一会儿，马祖又问："你从哪儿来？"

慧朗说："我从南岳石头希迁处来。"

马祖说："石头是六祖慧能的弟子，你既从南岳来，竟然对曹溪慧能的禅法半点也没有了解。"马祖的批评没有错，凡对六祖慧能的禅法稍稍了解的人都知道，慧能禅法的要领就是"自性是佛"，反对向外寻求。可见这个弟子从石头和尚处果然半点也没有学到。

见那个家伙还在发愣，马祖又说："你还是赶紧再回到南岳去吧，我看你这人不宜到其他的地方去。"

慧朗只得再次回到石头希迁那里。这一次，他再也不肯沉默，开口便问："怎样才是佛？"

石头看都不看他一眼，继续做着自己的事。

这时候，一群鸟儿从天空飞过，丢下一阵清脆的鸣叫声。慧朗似有所悟，于是又问："鸟儿有佛性吗？"

"有。"石头希迁回答他说。

"我有佛性吗？"慧朗紧接着又问。

"你无佛性。"石头说。

慧朗不高兴了，说："鸟儿都有佛性，为什么我就没有呢？"

北京磁器口古镇磁正街民俗文化长廊壁画《佛性禅心》：禅宗始终强调，见于自己内心之中的自性，方能找到觉悟，方能成佛。

石头说："鸟儿含有灵性，所以鸟儿是有佛性的。"

"为什么我就没有？"慧朗再次问道。

"你听到鸟儿的叫声了吧，可见鸟儿肯承当自己，你不肯承当自己，所以没有佛性。"

慧朗听到这里，立即就悟了。

佛与屠夫

一天晚上，鹤林玄素和尚刚刚入睡，忽然听到有人敲门。玄素很不情愿地问道："谁呀，这时候还来敲门？"

门外的声音说："我啊，一个僧人。"

玄素听说是个僧人，知道一定又是一个为了悟佛而彻夜不眠的可怜的家伙，便没好气地说："别说你是个僧，就是一尊佛，我也不会开门。"说着，就又躺到了床上。

门外的声音说："怪了啊，佛来了为什么也不肯开门呢？要知道，我也许就是那未来的佛呢。"

玄素说："就算你是佛，但这里也没有你的栖身之地。你走吧。"说完，就不管不顾地拉上被子，蒙住耳朵，免得再听到门外的敲门声。

清朝时的屠夫：屠夫把肉担放在地上卖肉，一头是一个装着猪肉的竹筐，筐中有把杆秤，另一头是肉案，案上有个放刀的抽斗。佛家有俗语云"放下屠刀，立地成佛"，就是在劝人从善，即使是作恶之人，只要决心改过向善，即可立刻变成好人，其善心与佛心无异。

到了第二天，玄素和尚刚刚上堂，侍者便传话说，门外有人求见。玄素问是什么人，侍者说是一个屠夫，说是屠夫家里特意办了一桌素供，想请玄素师父前去应供。

侍者的话刚说完，首座和尚就说，一个屠夫，让他回去吧。另有教授师也附和着说，是啊，一个屠夫，整天不是杀猪，就是宰羊，双手沾满鲜血，所背的因果不知哪一劫才能还清，和尚才不去他家应供呢。

谁知玄素听说有屠夫请他，立即就从法座上走下来，并且大声地吩咐侍者为他准备衣装，他要即刻就去屠夫家应供。

这时，一个僧人站起来大声地说："和尚的做法让人难懂，昨天晚上我为了一个公案，思来想去不得其解，想去请和尚为我解说，谁知和尚就是不肯开门，还说什么别说是僧，就是佛来了也不开门。可是现在，一个屠夫来请，和尚却丢下听法的大众，即刻就要前往。请问和尚，一颗心到底是向着贤者还是向着愚人？"

鹤林玄素说："佛性平等，贤者与愚人都是一样，凡是可度的人，我就去度他，这有什么错呢？"说着就高兴地随着那个屠夫出门去了。

一指禅

一个名叫俱胝的和尚自以为很有道行，然而一个素不相识的尼姑的到来，让他彻底认识了自己的本来面目。

那一天，一个远道而来的尼姑走进他的庵中，尼姑头戴斗笠，手拄禅杖，在他的法座前绕走了三圈。俱胝不知这尼姑来自何处，更不知尼姑的行为有什么意蕴。果然，那尼姑说了："你如果能说出来，我就取下斗笠，让你见我的本来面目。"然而俱胝什么也说不出来。

尼姑一连说了三遍，俱胝都无法应对。尼姑见他像呆子一般，便决定离他而去。他望着尼姑的背影说："太阳都已下山了，暂且住一宿再走吧。"

尼姑站住了，回过头说："现在说还来得及，说出来我就留住一宿，说不出我就走了。"俱胝仍是无言以对。那尼姑就走了。

尼姑走后，俱胝对自己十分恼火。原以为自己很有道行了，却不料败在一个尼姑的手中，自己还算什么男子汉啊。于是他决定不再给人说法，更不再做什么住持，赶快行动吧，出门参学去要紧。

他走进一座深山，遇到一个很老的和尚，后来知道这位老人就是天龙和尚。天龙和尚问他说："听说你在那边做住持做得不错啊，怎么弃下寺庙到这儿来了？"

俱胝便把遭遇尼姑的事说给老人听了。老人笑了

街头上“一指禅”表演：“一指禅”原指禅宗公案，而后来却有了少林“一指禅功”与中医“一指禅推拿流派”，可见禅宗影响之大。

笑，朝他竖起一根手指。也就在这一刹那间，俱胝醒悟了。从此以后，但凡有人向他问法，他就将一根手指竖起，对方或是立即就明白了，或是故作明白状就此走开。

俱胝和尚的侍者是一个10多岁的小沙弥，走在街上，人们知道他就是俱胝和尚的侍者，好事者便问他说：“和尚说法的要点是什么？”小沙弥便也学着师父，向人竖起一根手指。

这件事被俱胝和尚知道了，俱胝于是就用刀砍去小沙弥的那根手指。小沙弥尖叫着，捂着流血的手指逃走了。俱胝立即大叫了一声沙弥的名字，沙弥站住了，俱胝便又朝沙弥竖起一根手指，小沙弥立即就醒悟了。

俱胝临寂前对众人说：“我此一生，只得了天龙和尚的一指禅，真是一生受用无穷啊。”

布袋和尚

唐贞元年间，人们在浙江奉化的街头经常会看到一个肥胖的和尚，他头大，肚大，且笑口常开，很受人们尤其是小孩子们的欢迎。他身背一只硕大的布袋，里面是他化来的各种玩艺，几乎是要什么有什么，于是，小孩子们总是喜欢往他的身上爬，他也乐得把小孩子们驮在他天一般宽广的背上，放在他地一般肥沃的肚皮上，任孩子们从他的布袋中变戏法一般掏出各种玩艺来。很少有人知道他的名字是叫契此，号长汀子，但人们只习惯地称他布袋和尚。他的笑声能给人驱去烦恼，他的面容能让人感觉温馨。

不知什么时候，布袋和尚已经很老了。有时候，人们会看到布袋和尚怔怔地站在大街上，似在等候什么。于是便有人问他：“和尚在这里干什么？”

布袋和尚说：“我在等一个人。”

人们知道他几乎每天都是这样，如果没有小孩子

杭州飞来峰的布袋弥勒佛：龛宽9.9米，中高3.6米。飞来峰造像中最大的一龛。

们同他玩，他每天都是怔怔地站在大街上像是等什么人。人要是问他，他也总是这样的回答。于是人们便逗他说“那个人来了，那个人来了。”

布袋和尚说：“你不是那个人，他也不是这个人。”

人又问他：“那怎样才是这个人呢？”

布袋和尚便把他那硕大的布袋张开说：“给我一文钱吧。”

不知过了多少年，布袋和尚真的老了，但是，谁也不知道他要等的那个人是否来了。有一个事实就是，布袋和尚行将圆寂了。

那一天，布袋和尚端坐于奉化岳林寺东南廊下的一块磐石上，这时候，人们清楚地听见布袋和尚念了一首偈子：“弥勒真弥勒，分身千百亿，时时示时人，时人自不识。”说偈毕，布袋和尚就安然示寂了。

直到这时，人们才知道，布袋和尚原来就是真正的弥勒佛下世啊。只可叹人们有眼无珠，并不识真正的弥勒。从此以后，寺庙的天王殿里便有了一尊大肚弥勒，弥勒两旁的楹联一般为：大肚能容容天下一切能容之事，开口便笑笑世间所有可笑之人。

沩仰宗

禅宗“五家”之一，属南宗南岳法系。以沩山灵佑（771—853年）与仰山慧寂（803—887年）二师为宗祖，取沩、仰二字而为宗名；禅风为方圆默契，接机多用明似争夺而实则默契之交谈，看似平衍，实则深邃奥秘，事理并行。唐元和年间，灵佑住潭州（今湖南长沙）之沩山，宣扬宗风，门人慧寂继之集大成。唐末五代时，沩仰宗颇为繁兴，及宋后渐绝其迹，终至与临济宗合并，上下传承共150年左右。

今生不学佛法啦

智闲是一个很本份的僧人，早先在家种田放牛，直到中年以后，看到一个僧人从门前走过，忽然就萌发了出家的意念。

智闲出家后，一直还是种田放牛，很多年后还是不能开悟。他觉得，这样下去，与出家前有什么区别呢，于是就辞别师父，出门参学。不多久，智闲来到湖南大沩山，拜在沩山灵佑禅师的门下。在此期间，智闲阅读了很多佛典，同时他还把前人悟解的公案和笔记认真地记录在册，闲下来就认真阅读，以至几年下来，那本笔记都被他翻烂了。当然，那些公案和笔记也就烂熟于智闲的心中了。

沩山灵佑终于在众多的僧人中发现了智闲，灵佑知道，这个本份的出家人如果能好好地开启，将来一定可以成为佛门法器。

有一天，沩山灵佑趁智闲给他送粥的机会，便对他说：“今天我要考考你。”

智闲十分高兴，觉得机会终于来了，于是，他立即就在脑海中翻腾起那些早就烂熟的公案和前人笔记。灵佑似乎一眼就看出他此刻的心理作为，于是说：“我并不问你平生的学业，也不问你经论或笔记，更不问你禅门公案什么的，我只问你，你未出娘胎前东西不辨的本份事。你试着说说看，我要对你的未来进行预测。”

智闲于是随口说了几句，无非是“拈花微笑”、“达摩面壁”或是“娘生我前我是大沩山的一头牛”之类。然而沩山灵佑只是不断地摇头，半点也不作肯定。沩山说，我说过了，我不要前人的东西，我只要你自己

《智闲拥帚·回睨竹林》：《八高僧图卷》（局部），绢本，设色，纵26.6厘米×横64.7厘米，南宋梁楷绘，中国上海博物馆藏。画中描绘居住在邓城秀岩山的智闲大师，一日在院中清扫杂草落叶，将土中瓦砾抛向竹林，击中竹子，发出清脆的声音，顿时悟出佛理。

的东西。于是，智闲只得又把自己的见解胡乱地拼凑了几句。不想沩山灵佑依然不作肯定。

急出一头汗来的智闲只得向师父讨饶，说：“还是请师父为我解说吧。”

灵佑说：“我说出来是我的见解，对你又有什么帮助呢？”

智闲只得灰溜溜地回到寮房，将以前的笔记和公案之类统统一把火烧掉，并且赌咒发誓说：“今生不再学佛啦。只图做个长期的粥饭僧算了，免得劳心伤神。”

说的当然是丧气的话，但智闲离开大沩山后，还是继续四处参学。一天，他来到南阳国师慧忠的灵骨塔前，想到南阳国师当初悟道的毅力和决心，决定就住在这里，也好时时用慧忠国师的精神情操来激励自己。

为了给自己开辟一块可以栖身的场地，智闲开始清除杂草，砍竹折木。劳作了几日，终于将一间小小的茅棚搭建起来了。那一天智闲坐在茅棚前闲看浮云，当见无边的蓝天上澄澈明亮，几只南飞的大雁排成阵势，鸣叫着从头顶上掠过。看得心旷神怡的智闲将地中的石块抛打在竹木上，发出清脆而悦耳的声音。这声音击打在竹木上，却撞击着智闲那深埋在灵魂深处的智慧之钟，于是，智闲恍然醒悟了。

兴奋的智闲立即回到住处，对着大沩山的方向焚香礼拜，赞叹说：“和尚真是慈悲啊，恩情超过了生身父母。我当时还责怪和尚不肯向我明说，若是当初和尚说了，我哪有今天自醒的快乐呢！”

还你一饼

一清早，道信就挎着篮子出门卖烧饼去了。

道信的家很穷，父亲除了会做烧饼，什么也不会。直到快40岁时，父亲才有了道信这个儿子。卖烧饼人的儿子当然也就是卖烧饼了。道信小小的年纪就学会了卖烧饼。

道信的家住在一条幽深的巷子里，穿过那条巷子，须经过一座寺院的门口。于是，道信从小就认识寺里的很多僧人。有时候，寺里的僧人会从他那儿买去一两个烧饼，然后就开玩笑说，小鬼头，别卖烧饼了，跟我们出家吧，出家多好呀。道信说，鬼才跟你们出家呢，好好的人做什么和尚呢。

然而道信8岁那一年，他的命运却发生了一次戏剧性的变化。这一年，寺里新来了一个僧人。这个僧人说年轻也不年轻了，但也不是很老。这个僧人就是寺里新来的住持天皇道悟，大名鼎鼎的石头希迁的入室弟子。很多年后，人们才知道，天皇道悟的一代一代弟子创立了中国禅宗中的法眼宗。当然，这时候的道悟外面知道的人还不是很多，人们只知道这个住持和尚是个北方人，喜欢吃饼，不喜欢吃米饭。于是，每天都会有人从道信的烧饼摊子上给道悟买几只烧饼。有一天，那个买烧饼的人没有来，道信觉得有些奇怪，于是就提着篮子把烧饼送到寺里。道信就是这样第一次认识了这个名叫道悟的住持和尚。没想到道信在一见这个和尚之下，立即就被他吸引了。

要说这个和尚到底是什么地方吸引了道信，也是很难说得清楚的。人与人就是那么一回事，投缘了，一见之下就有缘了，没有缘，纵然是天天相处，也如冤家对头一般。

《各国供养人图》：甘肃敦煌莫高窟103窟壁画。此图是《维摩诘图》的一部分。描绘维摩诘与文殊师利辨法之时，各国供养人皆往探视、恭敬礼佛的神情。供养人中有“昆仑奴”、“婆罗门”、西域胡人等。供养，意指供食物、衣服等予佛法僧三宝、师长等。

道信见住持和尚喜欢吃他的烧饼，于是每天就瞒着父亲，偷偷往篮子里多塞10个烧饼。父亲每天做的烧饼总有好几百吧，所以被他儿子多拿十个八个也是没法觉察的。

“师父，这10个烧饼算我供养您吧。”道信说着，便把烧饼恭恭敬敬地递到师父的手中。道信又说：“师父如果喜欢烧饼，每天我都给师父送来。”

师父也不客气，愉快地接了他的烧饼，然后就顺手将一只烧饼奉还于他，说：“好吧，这一个烧饼算是我送给你的，趁热吃吧。”

道信于是也很愉快地接了师父递过来的烧饼，说声谢谢，就提着篮子再卖烧饼去了。

到了第二天，道信果然又给师父送来10个烧饼，就像昨天一样，师父又将其中的一个烧饼还给道信，并且说：“好吧，这一个烧饼算是我送给你的，趁热吃吧。”道信接过烧饼，说声谢谢，出门卖烧饼去了。

一连多少天都是如此，忽然有一天，道信觉得事情变得有些蹊跷，烧饼本来是我送给他的，为什么每天师父总要还我一饼，而且奇怪的是每天我都要说声谢谢。

终于有一天，道信说：“师父，烧饼是我送给你的，你每天还我一饼，我却为什么总要说声谢谢呢？”

师父笑笑，说：“烧饼你送给我了，就应该算是我的了，我再送你一饼，你当然要说谢谢了。这有什么错吗？”

“你为什么总要还我一饼呢？”道信依然不解地问道。

师父只是微笑着，什么也不肯再说。直到有一天，道信忽然明白了什么，于是，卖烧饼的道信走到天皇道悟的门下，说：“师父，我明白了。”

天皇道悟说：“你明白什么了？”

“现在，请为我剃度，等我出家后，我再告诉你。”

卖烧饼的道信就这样出家了。从那以后，天皇道悟改吃米饭了。

尼姑原是女人做的

偌大的禅堂里鸦雀无声。

庐山归宗寺正在进行一年一度的禅七法会，白天首座和尚给大家讲了一天的法，现在，日已西斜，夜幕垂降，正是僧人们用功的时候。

空气像是被凝固了一般，能容纳300多僧人的禅堂里满是黑压压的人头，除了僧人，附近的一些居士也赶来参加这个法会。禅堂的四壁写着一条条警示的语录：“念佛是谁”、“父母未生我时我在哪里”、“抓住话头，生死事大”等等。在这样的氛围中，由不得人不去静心思考一些与生俱来的问题，据说一些人就是在这样的静思禅虑中得到了开悟，成为大德高僧。

寺外三更已响，时间已到了下半夜，一些人禁不住长久的禅坐，开始困倦，他们勉强地支撑在座位上，头却像小鸡啄米一般不停地点动着，而另有一些真正得道之人则始终端坐如钟。谁也不知道在他们深邃的内心究竟是一个怎样的世界，谁也不清楚在他们的内心世界里，那业识的种子是怎样在流转，怎样在与现实的人生抗拒、飘升。

忽然，一个声音从禅堂的一角响起，在这静静的禅堂里，又是在这样的暗夜，这声音的突然而至，就像是平空里响起的一声炸雷，刹那间禅堂几乎被这声音炸翻一般，所有禅定或沉入睡眠的人们都被这声音猛然惊醒。

“我开悟了，我开悟了啊！”那个从座位上跳起来的人是智通和尚。只见他一边手舞足蹈，一边高声地狂叫着，透过昏暗的油灯，可以看到一行行泪水从他的脸颊上流下来。所有的人都以一种惊异的目光朝他看去，然而他只是旁若无人地跳着，激动地狂叫着：“我开悟了，我开悟了啊，我终于开悟了啊。天呐，30年了，直到今天我才悟啊！”由于太过激动，智通一边叫着，一边就呜呜地哭了起来。于是，有人为他而高兴，知道开悟是人生的大事，开悟后的激动就是这样子的，人活一生，还有什么比开悟了更让人快乐、更让人激动不已的呢？更多的人则认为，这家伙一定是疯了，要知道，智通平时可不是这样啊，他那样文静，性格是那样内向，今天怎么如此失态呢？一些人开始向他走去，他们企图将他拉出禅堂，然而无论他们怎样努力，都无法

福建厦门南普陀寺禅堂：禅堂，众僧参禅的道场。有多少僧人在此开悟！

让这个僧人平静下来。最后，智通终于一路高叫着那句“我开悟了”的话，一路奔出了禅堂。于是，从无边的旷野里便传来一连串“我开悟了”的狂叫之声。大家都说，智通疯了。

第二天上堂的时候，归宗禅师高踞于法座之上，禅堂里又恢复了往日的平静，只听到大众的呼吸之声。人们静静地看着归宗，等待大师的又一次开示。

“昨天说开悟了的大德今天在吗？”归宗慈和地问道。

“我，是我啊！”从禅堂的一角发出这样的声音。显然，智通已从昨日的疯狂中冷静了下来，人们朝他望去，见他似乎又恢复到往日的神态，那长而秀气的脸上蕴含着一丝羞怯的笑意。

“呵，是你吗？”显然，归宗禅师对智通是熟悉的。归宗说：“可否把你开悟的内容方便一说？”

“不好说，”智通说，“我开悟的内容只有我一人清楚，说出来的就不是一回事了。”

“说吧，把你方便的说出来。”首座和尚鼓励他说。

“说吧，说吧。”或许是受着一股好奇心的支配，禅堂里更多的人鼓励他说。

智通的脸上终于又现出昨日那种激动，于是，人们听到他轻轻的话语：“尼姑原来是女人做的呀。”

禅堂里突然爆发出一阵哄然大笑，人们再也顾不得禅堂禁令，放开声音大笑起来。大家都觉得，原以为他会悟出什么高深的道理来，却原来悟出这样一个荒诞的结论。尼姑原来是女人做的，这谁不知道呀，亏他说出口来啊。

归宗用手势制止了大家的哄笑，说：“了不起啊，智通和尚终于开悟了。他原说过，他悟出的道理不可说出，现在，既然大家恳请他方便一说，他只好用尼姑原来是女人做的这样一句方便话语表达出来，这有什么可笑的呢？”

智通决定离开归宗寺。当天下午，归宗为他送行，并亲自为他提着斗笠。送到山门口，归宗说：“就此吧，我不送你了。”

智通接过斗笠戴在头上，就沿着那条出山的道路扬长而去，走出很远，他一直也没有回过头来。

智通果然是开悟了，不久他居住到五台山法华寺里，直到圆寂的那一天。临寂前，智通做了一首偈子："举着双手，攀住南斗，身倚北辰，遥看天外。呵呵，谁是和我一样的人？"

是啊，谁是和他一样的人呢？

你是明白了，我却糊涂了

清代线刻图：《四十七世五祖法演禅师》，法演（1024—1104年），俗姓邓，绵州巴西（今四川绵阳）人，北宋临济宗杨岐派高僧，临济宗五祖。

法演追随白云守端禅师很有些年了，但却始终不能得法。有一次他追着问师父："什么是达摩祖师西来之意呀？"师父就说："别问我。"他又追问说："问谁去？"师父说："真要学法，要向市井去学，向种地的老头儿学，向变戏法的学，向小孩儿学，向小偷盗贼去学。他们当中有禅。"法演对师父老大的不满，也时时有离师别去的意愿。

这一天寺里无事，法演忽然想到街上去转转。正逢街上赶集的日子，平时冷清的街市就突然热闹起来，到处都是摩肩接踵的人流，满耳都是鼓鼓噪噪的声音。法演出家前是个好热闹的人，很久没有上街了，这街上的热闹一下就让法演忘掉了一切。

前面的十字街口围聚着一堆人，走过去一问，原来是艺人正搭着棚子在玩木偶戏呢。法演买了票进了棚子。那真叫开眼啊，台上的人，红的红，绿的绿，老的举步维艰，少的欢蹦乱跳，而且时而哭，时而笑，好不热闹啊。有道是台上的疯子，台下的痴子，法演也与那些痴迷的观众一样，看得一会儿哭，一会儿笑，完全投入到戏情中去了。

法演不明白那些木头人何以会动，会舞，会笑，会唱，于是便钻出人群，来到后台。这一下子全明白了，原来是有人在用绳子牵着那些木头人。法演对那个牵着木头人跳舞哭闹的老头儿佩服得要命，便走上去说："先生，您贵姓啊？"

那老头儿看了看他，说："和尚你看戏就看戏，问什么姓呢。"一句话呛得法演半天回不过神来，忽然，他好像明白了一生都没有弄明白的问题，高兴得手舞足蹈，就像是那舞台上的木偶人一样。接着，法演便向那老头儿作了一个揖说：“谢谢老先生指点，我明白了。”

那老头儿不知这和尚到底明白什么了，便说：“你是明白了，我却糊涂了。”

做个能做主的汉

原妙跟随着师父学了几年的禅，觉得已经得法了，于是他向师父要求，我也要上堂说法。

师父问他：“要上堂说法是好事，可是，你能做得主吗？”

原妙说：“怎么做不得主，主在我心里头呢。”

师父哼了一声，表示赞同，但师父又问：“睡梦中可做得了主？”

原妙说：“睡梦中一样能够做主。”

师父笑着说：“睡得正熟，一点儿梦境也没有，既没有念想，也无可见闻，主又在哪里呢？”

原妙无言以对，觉得自己真是还不能做主，离上堂说法还早着呢。

见原妙已有所觉悟，师父于是又说：“从今往后，我不要你学佛学法，也不要你穷究古今，你只需饿了就吃饭，困了就睡觉，一觉刚睡醒，抖擞起精神，好好想想，我睡醒时，主究竟安在谁的身上，那主又怎样安身立命好吗？”

经师父这一说，原妙感觉非常惭愧，他发愤立志，拼着这一生做个痴呆汉，也一定要把这主给找回来，争取做个能做主的汉。于是，他离开师父，来到临安（浙江省内）龙须山的一座深山小庵。

小庵中只有一两个和尚，这里远离市区，几个和尚只能自给自养。原妙在这小庵中与同伴做着杂役，每天无非开荒种地，洒扫庭院，什么经书也不读，什么禅也不参，真像师父所说的，“饿了就吃饭，困了就睡觉”，倒也逍遥自在。

这样的生活过了5年，有一天晚上睡到半夜，同伴的一只竹子枕头落到青砖地上，发出一声脆响。这一声脆响将原妙从睡梦中惊醒，也就在那一刹那间，原妙亘古以来的禅思在那时就复活了，他忽然觉得，世上的事

清代线刻图：《五十五世高峰原妙禅师》。原妙（1238—1295年），俗姓徐，号高峰，江苏吴江人，南宋临济宗僧。

情原是非常简单的，却被自己弄得复杂得不能再复杂。这一刻，他真的觉得，那原本就在自己身上，后来不知怎么弄丢了的那个主给找回来了。

佛头上的鸟粪

820年，相国崔公群出任湖南观察史。崔公群过去曾接触过一些僧人，所见者，皆是一些平庸之辈，以至崔相国对出家人多有偏见，认为他们不过是一些衣架饭袋，多数没有什么见识。

夹贮干漆释迦牟尼佛像：清代作品，现藏于河南洛阳博物馆。礼拜诸佛，是表示对诸佛的尊敬与敬重。而要修得开悟，则要自己见心见性。

有一天，崔相国来到长沙东大寺视察。东大寺坐落于长沙市郊，岳麓山北侧，历史悠久，环境清幽，是一所极佳的修行之地。但由于年久失修，寺宇破败，殿堂冷落，看上去有几分荒凉。

东大寺的住持如会这几日患着眼疾，正杜门谢客，闭目静修，但相国来了，不得不出门迎接并始终陪同在左右。崔相国走进院子里，但见几棵高大的树木遮天蔽日，一群鸟雀在树顶上盘旋鸣叫，宛若一个鸟的世界。相国一行的到来，惊动了大殿里的鸟群，一群鸟从窠穴中飞出，从相国的头顶上掠过，竟然洒下几滴鸟粪，滴落在佛的头顶上。

这实在是一幕不雅的画面，崔相国皱了皱眉头，问一直陪同在左右的住持如会说："请问禅师，鸟儿有佛性吗？"

如会回答说："一切众生皆有佛性，鸟儿当然也不例外。"

崔相国说："鸟既有佛性，为什么还在佛头上拉屎放粪？"

如会说："相国看见鸟儿在鹞子的头上拉屎放粪吗？"

崔相国觉得这和尚回答得十分机巧，鹞子是穷凶极恶的鸟类，任何鸟类都远离于它们，当然不会在它们的头上拉屎放粪了。

视察完毕，如会将崔相国引进客堂茶水侍候，崔相国又问："据说禅师是一位得道高僧，但不知禅师是因什么而得法。”

如会说：“因悟得见性成佛而得法。”

崔相国看了看如会那只红肿的眼睛说：“禅师既已识见本性，却仍患着眼疾，这样看来，识见本性又有多大作用呢？”

如会说：“相国须知，这正是你的眼睛。”

崔相国被如会说得脸红一阵白一阵，但他终于知道，识见本性于眼睛并没有任何关系。

善昭上堂说法

汾阳善昭禅师虽然很有名气了，但是，他一直就侍俸在师父首山省念的身边，一刻也没有离开过。当地的太守早就闻听过他的名声，多次邀请他下山去给大众说法，都被善昭以各种理由推托了。太守请了七八次都没有成功。

清代线刻图：《四十三世汾阳善昭禅师》。善昭（947—1024年），山西太原人，俗姓俞，宋代临济宗僧。

直到善昭的师父圆寂之后，善昭才开始了他的游历生涯。这一年，他来到湖南与湖北交界处的汾阳一带的山寺里，过一种与世隔绝的生活。有一天，汾阳佛教界以及许多在俗人士专门委派一个叫契聪的僧人来接善昭去住持一座大寺院，善昭依然拒绝，闭门而卧。结果契聪还是强行推开门闯了进去。

契聪附在善昭的耳边说：“佛法是大事，谦虚退让则是个人的小节。很多年前，有人曾预言临济宗会在你们这一代人手中坠灭，就连你的祖师风穴延沼也曾担心过这事，后来幸而发现了你的先师首山省念，省念又发现了你。如今先师省念已经寂灭，你是有能力来担当如来的大业，重续临济一脉的。当今世界道德沦丧，众人像焦渴的旱地盼雨水一样盼着佛法的滋润，禅师有什么理由在这里高枕无忧呢？”

契聪话刚落音，善昭忽然从床上跳起来，握住契聪的手说：“谢谢你一番话啊，如果你今天不来，我又怎么能听到这样的话呢？”于是，善昭立刻整理行装，随同契聪下山说法。

山下汾阳的寺院里早就黑压压地坐满了欢迎他的僧众，大家果然像盼星星盼月亮一般地盼着善昭禅师的上堂说法。大家都活得很不轻松，都盼着有一位大师能解除大家心中的烦恼，让佛的清凉境界降临到心中。

法堂上早就备好了法座，大家恭请善昭上堂说法。

善昭于是走上堂来，他环视了一下大家说："我知道大家都习惯听别人说法，以前的一些老禅师因迫不得已才说东道西，你们却觉得这是指点迷津的广陈词说，于是今天也纷纷聚集在一起，不睡不眠，而且大家都在自我安慰说：我正在参禅。可是你打算向哪里参禅呢？古人说，向外作功夫，都是痴顽汉，说得多好啊！你们大家听到这样的忠告了吗？再见！"

善昭向大家合一合掌，竟拂袖而去。丢下法堂里一片黑压压的人群，大家面面相觑，不知所以。法会准备了几天几夜，可从善昭进入会场到善昭的离去，竟然不到一袋烟的功夫。

无云生岭上，有月落波心

可真一直为自己是石霜楚圆的弟子而自豪。然而，作为他的老师，石霜楚圆是知道这名浮躁弟子的底细的，于是就让他与自己的侍者一同去一座山野小庙结夏安居。也就是说，可真要在那个山野小庙中足不出户地住满3个月的夏日时光。但是，既然是师父要自己去，可真二话没说，立即就去了。

一个是师父的弟子，一个是师父的侍者，两个人都有些自命不凡，都觉得自己才是师父石霜楚圆的真传弟子。那一天两个年轻人在屋里坐禅久了，就相邀着出门散步。散步本是一件轻松的事情，可是，对于这样一对年轻人来说，也许就不很轻松了。他们的谈话总离不开道法上的事，而争论中也总不免带有相互的比试。二人争论不休、难分高下之际，侍者忽然从地上捡起一块瓦片放到路边的磐石上，侍者说："你说你得到师父的真传，如果你能对这个说上一句机锋转语，我就承认你，并拜你为师好吗？"

这在禅门中也是常有的事，但可真没有一点思想准备，面对那搁在磐石上的瓦片，竟然是无言以对。正当他在苦苦思索，寻章摘句之时，侍者厉声地说："思虑如此迟缓，机锋岂能停顿？”可真自感惭愧，总觉得自己得到师父的真传，可到了实际关头，却一句话也找不到了。

当天下午，可真即回到师父石霜楚圆那里。师父见到他，当即就训斥他说：“结夏安居未曾结束，怎么就擅自回来？”

可真委屈地哭了起来，师父不管他这些，突然严厉地问道：“结夏完满一定就有收获，我且问你，什么是佛法的主要意旨？”

可真在情急之下，突然冒出一句诗来：“无云生岭上，有月落波心。”

师父又大声地训道：“什么老掉牙的语句，头发白，牙齿落，却还抱着这样的见解，几时才能脱离生死？”

可真望着师父，再也无话可说，只得请求师父给予指点。

“现在你来问我同样的话好吗？”师父说，“看我是怎样回答的。”

于是，可真便把师父刚才问他的话又问了一遍：“什么是佛法的主要意旨？几时才能脱离生死？”

石霜楚圆大声地回答说：“无云生岭上，有月落波心。”

可真一听，立即像云开雾散一般，头脑中一片澄澈光明。

“世尊拈花，迦叶微笑”：佛陀在灵山会上说法，手拈一朵花，一语不发。这时，众人面面相觑，唯有迦叶会心一笑。于是佛陀便将“不立文字，教外别传，直指人心，见性成佛”的禅宗法门传给了迦叶。而后世禅宗，也多如此：于适时禅机，传法于后人。

图书在版编目（CIP）数据

禅的故事／黄复彩著．—石家庄：河北人民出版社，
2013.10
（人文故事丛书）
ISBN 978-7-202-07954-6

Ⅰ．①禅… Ⅱ．①黄… Ⅲ．①禅宗—通俗读物
Ⅳ．①B946.5-49

中国版本图书馆 CIP 数据核字（2013）第 303592 号

丛 书 名	**人文故事丛书**
书　　名	禅的故事
著　　者	黄复彩
选题策划	王苏凤
责任编辑	贺秀红
美术编辑	李　欣
封面设计	武　德
责任校对	付敬华　余尚敏
组　　稿	北京新浪大江流文化传播有限公司
出版发行	河北出版传媒集团　河北人民出版社 （石家庄市友谊北大街 330 号）
印　　刷	保定市中画美凯印刷有限公司
开　　本	787 毫米×1092 毫米　1/16
印　　张	13.5
字　　数	191 000
版　　次	2014 年 3 月第 1 版　　2014 年 3 月第 1 次印刷
书　　号	ISBN 978-7-202-07954-6/K·1099
定　　价	39.80 元